Meditación

Sobre el libro

La meditación se ha practicado desde tiempos ancestrales en el Oriente como un método de relajación y autoconocimiento. Su expansión hacia el Occidente a través de Europa llevó estas enseñanzas a millones de nuevos practicantes en busca de respuestas sobre su evolución física y espiritual.

Gracias al surgimiento de nuevas corrientes espirituales como la Nueva Era y a los avances en el campo de la ciencia, el estudio de la meditación y sus efectos fisiológicos en el tratamiento de enfermedades han sido motivo de innumerables investigaciones.

En esta obra, José Lorenzo-Fuentes presenta los resultados de estas investigaciones y enseña las diversas técnicas y aplicaciones de la meditación como un sistema de autocuración física, mental y espiritual que se describen a través de prácticos ejercicios de respiración y de posiciones básicas del cuerpo.

Estas técnicas que ayudan a mejorar las funciones corporales, pueden ser utilizadas para eliminar el estrés y evitar problemas de tipo psicológico, así como también para otros métodos de curación holística y de superación personal.

El autor

José Lorenzo-Fuentes nació en Santa Clara, Cuba en 1928. Se graduó como Periodista en el Ministerio de Educación de la Habana. Estudió una Maestría en Hipnología Multidimensional y Biolística Curativa. Posteriormente recibió un curso de Medicina Tibetana y Autocuración Tántrica certificado por el Lama Gangchen Rimpoche, Vice–Canciller de la International University for Complementary Medicines de Sri Lankha.

Como periodista colaboró con varios medios de comunicación entre los que destacan los periódicos "El Nuevo Día" de Puerto Rico y "El Mundo" de Cuba. José Lorenzo-Fuentes ha ofrecido conferencias en diversas universidades de Latinoamérica, los Estados Unidos y España. Es autor de ocho libros con premios literarios a nivel nacional e internacional.

Además de su pasión por el periodismo, José Lorenzo-Fuentes ha dedicando una gran parte de su vida a la investigación y al estudio de temas metafísicos como la magia, la medicina alternativa y la parapsicología.

Correspondencia al autor

Para contactar o escribir al autor, o si desea más información sobre este libro, envíe su correspondencia a Llewellyn Español para ser remitida al autor. La casa editora y el autor agradecen su interés y comentarios en la lectura de este libro y sus beneficios obtenidos. Llewellyn Español no garantiza que todas las cartas enviadas serán contestadas, pero si le aseguramos que serán remitidas al autor.
Favor escribir a:

José Lorenzo-Fuentes
℅ Llewellyn Español
P.O. Box 64383, Dept. 0-7387-0112-2
St. Paul, MN 55164-0383, U.S.A.

Incluya un sobre estampillado con su dirección y $US1.00 para cubrir costos de correo.
Fuera de los Estados Unidos incluya el cupón de correo internacional.

www.llewellynespanol.com

Meditación

Prácticas y Aplicaciones

José Lorenzo-Fuentes

2001
Llewellyn Español
St. Paul, MN 55164-038
U.S.A.

PRIMERA EDICIÓN
Primera Impresión, 2001

Diseño de la portada: Zulma Dávila
Diseño del interior: Alexander Negrete
Edición y coordinación general: Edgar Rojas
Edición: Victoria Pierro
Foto de la portada: © Eyewire
Ilustraciones del interior: Llewellyn Art Department

Library of Congress Cataloging-in-Publication Data.
Biblioteca del Congreso. Información sobre esta publicación.
Lorenzo-Fuentes, José, 1928–
    Meditación: prácticas y aplicaciones / José Lorenzo-Fuentes.
      p. cm.
    Includes bibliographical references.
    ISBN 0-7387-0112-2
    1. Meditación--Therapeutic use. I. Title.

RC489.M43 L67 2001
615.5—dc21

2001038155

La editorial Llewellyn no participa, endosa o tiene alguna responsabilidad o autoridad concerniente a los negocios y transacciones entre los autores y el público. Las cartas enviadas al autor serán remitidas a su destinatario, pero la editorial no dará a conocer su dirección o número de teléfono, a menos que el autor lo especifique.

La información relacionada al Internet es vigente en el momento de esta publicación. La casa editorial no garantiza que dicha información permanezca válida en el futuro. Por favor diríjase a la página de Internet de Llewellyn para establecer enlaces con páginas de autores y otras fuentes de información.

Llewellyn Español
Una división de Llewellyn Worldwide, Ltd.
P.O. Box 64383, Dept. 0-7387-0112-2
St. Paul, MN 55164-0383, U.S.A.
www.llewellynespanol.com

 Impreso en los Estados Unidos de América en papel reciclado.

A Lida
un ángel guardián
que inspiró este libro

Mi agradecimiento a Mercy Palomo,
Nilda Tejedor, Alejandro Ramírez, Danny Lorenzo,
Nila Danza, Tony Palomo, Bárbara Pernaris
y a mi hija Gloria Lorenzo por el apoyo
brindado durante la elaboración de este libro.

Contenido

Parte V: Salud y longevidad.............77

Alquimia mental. Inteligencia celular. Cromoterapia y meditación. La claraboya. Origen de las enfermedades. Risoterapia. Revivir la hilaridad. La curación por los cinco elementos. Como curar a distancia. Aprender a cerrarse.

Parte VI: La casa de la salud.............101

Aprovechar el biorritmo. Meditación sanadora. Autocuración tántrica. El Maestro Sanador. El poder de curar. La
curación psi. La esfera de la energía. Sanación y conciencia cósmica. Las manos sanadoras. Ejercicios de autosanación. Ejercicio número 1. Ejercicio número 2. Ejercicio
número 3. Ejercicio número 4.

Parte VII: Zen y autorealización.............117

El control de la mente. Cualquier técnica es la mejor. El rostro de Dios. Autorealización y éxito. Amor, astrología y meditación. Cómo despertar las capacidades latentes. Cómo
materializar dinero.

Parte VIII: Siete meditaciones sanadoras.........137

Introducción

En Occidente se tenían noticias del budismo desde épocas muy lejanas pero no fue hasta 1826 cuando se publicó en Francia el primer estudio sobre el tema, realizado por Lasen y Burnouf. Sin embargo, la verdadera entrada del budismo en el mundo occidental ocurrió a partir de 1875, año en que Elena Petrovna Blavatsky y el Coronel Henry Steel Olcott fundaron la Sociedad Teosófica, una de cuyas metas era alentar el estudio comparado de las religiones, las filosofías y las ciencias.

Annie Besant, continuadora de la Blavatsky en el liderazgo mundial de la Teosofía, realizó un notable esfuerzo en la difusión en Occidente de las enseñanzas hinduistas y budistas, facilitándole así el camino a muchos maestros del Zen, como Hakuun Yasutani, quien vivió durante algún tiempo en los Estados Unidos, exponiendo el dharma del Buda. Así comenzó a cumplirse la predicción del propio Buda, quien señaló en el texto titulado *Profecía dirigida a Vimaladevi:* "Dos mil quinientos años después de mi nirvana final, la verdadera doctrina será propagada en la tierra de los seres de cara roja", una clara alusión a la difusión del budismo en Estados Unidos.

Un nuevo impulso se produjo cuando el sacerdote Enomiya Lasalle logró la construcción del centro Akikawa–Shinmeikutsu, ubicado cerca de Tokio, destinado a difundir las enseñanzas y prácticas del budismo.

Cuando los lamas budistas, víctimas de la persecución política, se vieron obligados a abandonar el Tíbet y refugiarse en numerosos países, se dedicaron a esparcir su doctrina en las tierras que los acogieron.

Finalmente, ha sido el fenómeno espiritual conocido como New Age Movement o movimiento de la Nueva Era, el que ha completado la expansión del budismo en Occidente y por consiguiente, ha hecho posible el auge que ha experimentado mundialmente la práctica de la meditación.

Parte I:
El sistema reparador

*El bienestar de las personas
depende de la capacidad de
retornar a la naturaleza.*

—Lao Tze

*No hay nada más extraordinario
en el cuerpo humano que su
impulso hacia la recuperación.*

—Norman Cousins

Según el Zohar, la sabiduría, que es el principio masculino, y la inteligencia, que es el principio femenino, se unieron para dar nacimiento a un hijo similar al padre y a la madre: el conocimiento. Por consiguiente, cualquier actitud ante la vida es forzosamente errónea si no procura el conocimiento, hijo providencial de la sabiduría y la inteligencia.

Si fuéramos a establecer una lista de prioridades, pudiéramos decir que el primer conocimiento que debemos asumir con premura es el más difícil de todos: el conocimiento de uno mismo. Hay una zona de silencio en lo más profundo del ser interno, cuyo contacto el hombre rehuye instintivamente porque le resulta más placentero aventurarse hacia el exterior en busca de todo tipo de satisfacciones. Así crea la primera ilusión, que de inmediato lo hace dependiente de todo lo que puede observar, degustar, palpar, medir, apreciar con los sentidos físicos.

Aferrarse, con todas las fuerzas del instinto, a las solicitaciones del mundo exterior, buscando protección y seguridad, es paradójicamente el modo más rápido de constatar ese estado de indefensión al que estamos condenados. Como Prometeo, permanecemos encadenados a una roca mientras las pasiones, los deseos insatisfechos, las ambiciones desmedidas y las frustraciones, nos devoran las entrañas. Sin ilusión no puede haber vida, es cierto. Sin ambiciones no hay posibilidad de progreso. Sin acción y sin el fruto de la acción no sería posible acumular experiencias para adquirir la sabiduría. Sólo que la ilusión, la ambición y la acción carecen de un cauce adecuado para desarrollarse armónicamente si antes no hemos conciliado actos y aspiraciones con nuestro ser interno, con la inteligencia que habita en la estructura molecular de nuestro cuerpo.

Ese es uno de los numerosos fines que persigue la meditación: despertarnos al conocimiento de nosotros mismos, enseñarnos a oír la música de nuestro cuerpo, sus ritmos y mensajes, sus reclamos más entrañables. Si una persona logra detener sus pasos, sentarse cómodamente y dedicarse a escuchar la información que constantemente le está trasmitiendo el cuerpo, adquiere sin esfuerzo el conocimiento necesario para alcanzar la sabiduría, que en última instancia no es otra cosa que el disfrute de todas las percepciones de amor, compasión, alegría y bienestar que nos prodiga el universo.

Hasta hace algunos años, para la mayoría de las personas la práctica de la meditación pertenecía por entero a la esfera del misticismo y estaba asociada fundamentalmente con el desarrollo de la consciencia psíquica y de los poderes paranormales. Y aunque es cierto que durante la meditación pueden ocurrir y ocurren con frecuencia innumerables fenómenos paranormales, entre ellos el de la comunicación con extraterrestres o con personas ya fallecidas, no es ése precisamente el aspecto que hoy despierta mayor interés sino aquel que se relaciona con el cuidado de la salud. En efecto, miles y miles de médicos en todo el mundo están aprendiendo a meditar o llevan años en esa práctica porque han podido comprobar los benéficos resultados fisiológicos que se producen en una persona apenas comienza a meditar: el ritmo cardiaco se hace más lento, al mismo tiempo que desciende la presión sanguínea, y la actividad metabólica, que suele medirse por la cantidad de oxígeno que emplea el cuerpo, disminuye a niveles mucho más profundos que durante un sueño prolongado y reparador.

Pero todavía hay mucho más. Gracias a las investigaciones efectuadas en Harvard, Stanford, Yale y otras importantes universidades, se ha comprobado que la meditación no es sólo efectiva para reducir la presión sanguínea o para bajar los niveles de colesterol y fortalecer el sistema inmunológico, sino para combatir todo tipo de dolencias, incluida una enfermedad tan agresiva como el cáncer. "Los enfermos de cáncer pueden sobrevivir más tiempo cuando se les entrena en técnicas tales como la relajación y la hipnosis". Esta afirmación la hizo el doctor F. Fawzy, profesor de Psiquiatría de la Universidad de California en Los Ángeles, al comentar un informe publicado en *Archives of General Psychiatry*, en el cual se recogía la más amplia investigación científica realizada sobre el tema hasta la fecha. Pero no sólo pueden sobrevivir más tiempo, agregamos nosotros, sino lograr la curación. Ya se sabe que numerosas personas pudieron vencer la enfermedad cuando apelaron a las grandes reservas de su imaginación para poner en marcha el sistema defensivo de su organismo, del mismo modo que las terapias con imágenes dirigidas parecen haber sido un factor importante en la remisión de muchos cánceres.

Un médico tan prestigioso como el doctor Andrew Weil, graduado de Harvard y durante años director del Departamento de Medicina Social de la Universidad de Tucson, Arizona, ha hablado extensamente en su libro *Spontaneous Healing* de la capacidad que tiene el cuerpo humano para repararse a sí mismo, manteniendo la salud y evitando las enfermedades. De la misma manera piensan muchos científicos que ya no quieren hablar de un sistema nervioso central, de un sistema endocrino y un sistema inmunológico, sino de un único sistema de recuperación que, como ha dicho Bernie Siegel, constituye una especie de superinteligencia que hay dentro de nosotros.

Todo parece indicar que la enfermedad surge cuando no vivimos de acuerdo con nuestra inteligencia interior, cuando no respetamos las leyes naturales que, como se enunció en la antigua Grecia, garantizan una mente sana en un cuerpo sano; en fin, cuando no somos capaces de activar nuestro sistema reparador para alcanzar y mantener el nivel de salud que apetecemos. Lo primero que debemos hacer es creer en la posibilidad de que esa superinteligencia de que hablaba Bernie Siegel pueda ser activada por nuestros pensamientos. Nadie puede vivir sin creer en algo pero sólo pueden vivir sanamente aquellos que se han apropiado de un sistema de creencias que tengan como pilares la compasión, el amor, la alegría y el altruismo. Creer es mantener viva una ilusión. Por eso se ha dicho que la enfermedad más frecuente de los viejos es la experiencia. Porque los largos años vividos casi siempre les debilita su sistema de creencias mediante una pérdida de la ilusión. Dejan de creer en la posibilidad de conquistar un nuevo amor, de que alguien necesite de su protección o de que alguien sea capaz de tenderle una mano amiga: dejan de creer en los demás y terminan por dejar de creer en ellos mismos, lo que equivale a olvidarse de esa inteligencia interior que de otro modo, quizás, aún podía trabajar un largo tiempo en beneficio de su salud.

Cuenta una antigua historia griega, recreada por Jorge Luis Borges en uno de sus fascinantes textos literarios, que un rey murió de hambre y sed entre fuentes y jardines. La lógica nos dice que eso no puede ocurrir en la vida real. Nadie puede morir de sed cuando tiene el agua al alcance de su boca o de hambre en medio de un jardín donde supuestamente deben crecer también árboles frutales. La anécdota, por supuesto, tiene un valor simbólico: nos entrega la noción de que podemos perder la salud e incluso la vida si no nos percatamos de los infinitos recursos que están a nuestra disposición para evitar la enfermedad y la muerte.

Cuando nos enfrentamos a cualquier situación, solemos utilizar el sentido común para inferir que el resultado de nuestras decisiones o gestiones puede ser positivo o negativo. Siempre existen dos posibilidades: el éxito o el fracaso. Como esas dos posibilidades están instaladas en el futuro, cualquiera de las dos opciones, puesto que no se ha realizado, pertenece al territorio de la imaginación. Podemos imaginar que todo marchará bien o por el contrario que nuestras gestiones no darán el fruto apetecido. Ninguna de las dos posibilidades se ha manifestado aún en el plano físico, pero mañana —es decir, en cualquier momento— una de esas dos opciones accederá al plano de la realidad. Se hará real el éxito o el fracaso. Entonces, si nos percatamos que hasta ese momento el obstáculo o el fracaso es imaginario, lo único verdaderamente razonable es negarle carta de ciudadanía en nuestra mente, olvidar que esa opción existe y pensar que el buen éxito coronará nuestros esfuerzos.

Ernest Hemingway solía decir que escribía mejor sus novelas y cuentos cuando estaba enamorado. Esa confesión equivalía a reconocer que su capacidad creadora se acrecentaba cuando una fuerte motivación aparecía en su vida, es decir cuando su ego estaba alimentado por una emoción placentera que le proporcionaba el entusiasmo y el deseo ardiente de disfrutar la vida a plenitud. En otra oportunidad Hemingway dijo también que él escribía mejor cuando se sentía en buen estado de salud. Instintivamente el gran escritor utilizó las dos palabras claves: *amor y salud.* Y volvemos a lo mismo: sin amor, sin alegría, sin entusiasmo, sin la necesidad placentera de comunicarnos con nuestra pareja o con otra persona, e idealmente con otras muchas personas, con la totalidad de los seres vivientes, si no somos capaces de prodigarle amor a las plantas y a los animales, si no nos emociona una puesta de Sol, no es posible alcanzar la salud perfecta.

Vale la pena que subrayemos esta formulación: si nada nos emociona placenteramente, si no irradiamos amor y alegría, aparece la enfermedad. Cuando una persona se siente incapaz de darle solución a sus problemas, sean éstos de la índole que sean, cuando la domina la angustia o el temor, cuando supone que los obstáculos que enfrenta son insolubles, decide autoflagelarse, enfermando. Quizás el verbo "decidir" no es el más adecuado puesto que la única opción que esa persona ha encontrado —la enfermedad— no la ha procurado conscientemente. Se sabe que los ataques cardíacos son más frecuentes que cualquier otro día los lunes en horas de la mañana, cuando se inicia la semana laboral y sin duda la única explicación posible es que las personas que detestan su trabajo escapan de él provocándose el ataque cardíaco.

También se ha comprobado que las enfermedades del corazón pueden derivarse de la falta de amor en cualquiera de sus manifestaciones, que un profundo resentimiento puede originar una lesión cancerosa o que los asmáticos generalmente son personas que buscan a toda costa la protección de los demás. Jeanne Achterberg en su libro *Las imágenes en la curación* se refiere a la influencia que ejercen las imágenes sobre nuestros procesos fisiológicos tales como el ritmo cardíaco, el nivel de glucosa en la sangre, la actividad gastrointestinal y la respiración. Un sin número de alteraciones se producen en el cuerpo, para bien o para mal, apenas una persona visualiza positiva o negativamente una determinada situación. Si eso es evidente, si la ciencia cada vez presta una atención mayor al concepto de la relación mente–cuerpo, cabría preguntarse si debíamos replantear ahora mismo nuestra actitud ante la vida. Por supuesto que sí. Es necesario replantearla para movilizar nuestras inagotables reservas de energía, para aprovechar al máximo cuanto antes nuestras potencialidades creadoras. Hacerlo hoy sería mejor que dejarlo para mañana.

Igual que el rey Midas convertía en oro todo lo que tocaba, nosotros podemos andar por el mundo, si de veras lo deseamos, convirtiendo todo lo que nos rodea en lo que hemos imaginado que debe ser. Tal es nuestra fuerza interna. Cuando el eminente psicólogo Carl Jung afirmó que el futuro es tan real como un ladrón, se estaba refiriendo precisamente a la facultad que tiene el ser humano de edificar su propio destino gracias a la imaginación. Nuestros antepasados más remotos no desconocían que eran capaces de utilizar los poderes de la mente para transformar la realidad objetiva o crear situaciones nuevas.

Cuando en las cuevas de Altamira los hombres primitivos pintaban un animal flechado estaban realizando un acto mágico para asegurar el buen éxito de la cacería. Por ello se ha dicho que en las pinturas rupestres está el origen de la visualización que cada día mayor número de personas emplean para diseñar su futuro, para crearse metas a corto o largo plazo, y que por supuesto también utilizaron los sanadores griegos, entre ellos Esculapio, Galeno e Hipócrates, quien fue el primero en señalar que aquello que afecta a la mente daña al cuerpo.

Imaginar no es otra cosa que movilizar nuestras energías interiores hacia la consecución de un determinado objetivo. Cuando los taoístas hablaban de la energía "chi", o cuando los filósofos hindúes señalaban que toda apariencia física es ilusoria, la ciencia ortodoxa respondía que tales afirmaciones sólo podían hacerse desde el terreno del misticismo, pues hasta ese momento estaba aparentemente comprobado que todo en la vida era material. Sin embargo, a partir de que los físicos comenzaron a explorar la propiedad del átomo, se produjo una serie de descubrimientos que vinieron a cambiar nuestra visión del mundo.

La famosa ecuación de Einstein $E=mc^2$ (la energía es igual a la masa multiplicada por la velocidad de la luz al cuadrado) nos ha hecho saber que masa y energía son manifestaciones de una propiedad única. De modo que gracias a los aportes de la física cuántica ya podemos afirmar que la materia es energía de una tasa vibratoria tan baja que se hace perceptible a la vista ordinaria. O dicho de otro modo: que la energía puede condensarse hasta formar una "cosa", es decir un objeto cualquiera, una silla, una mesa, un edificio, etc. Y si esto es aceptable desde el punto de vista de la física moderna, ¿por qué vamos a dudar que cualquiera de nosotros, utilizando la imaginación, visualizando un objeto cualquiera, no podamos condensar la suficiente energía para convertirlo en algo material?

Esta nueva convicción nos lleva a formular otra pregunta: ¿por qué no apelar al mecanismo que gracias a la imaginación se puede echar a andar a nuestro favor, convirtiendo en realidad los deseos? Ya se sabe que ese mecanismo que nos conduce al éxito personal lo mismo que al disfrute de la salud, se puede accionar mediante los ejercicios de relajación, la meditación, la visualización, la oración o la hipnosis.

El doctor Herbert Benson, del Instituto Mente/Cuerpo de la Escuela de Medicina de Harvard —Harvard Medical School's Mind/Body Institute— dijo que en su oficina se estaban recibiendo numerosas llamadas a la semana de las organizaciones HMO —Health Maintenance Organization— interesadas en el uso médico de la relajación y otros métodos de tratamiento no convencionales. "Si tales métodos de curación son efectivos y se pueden emplear con confianza —subrayó el doctor Benson— no sólo serán de gran utilidad para el paciente sino para las organizaciones de salud que así verán reducidos los costos de los tratamientos médicos".

Casi al mismo tiempo un panel independiente convocado por el Instituto Nacional de la Salud —National Institute of Health— llegó a la conclusión de que integrar terapias de relajación con tratamientos médicos convencionales es indispensable para combatir con éxito muchas enfermedades. Los métodos de relajación, por ejemplo, pueden "sosegar la respiración, bajar el ritmo cardíaco y la presión arterial". El panel agregó que no recomendaba ninguna técnica de comportamiento en especial, pero enfatizó que cualquiera de ellas pudiera dar resultado, siempre y cuando incluyera el "enfoque repetitivo de una palabra, sonido, oración, frase o actividad muscular".

Utilizar esas técnicas de relajación es un imperativo de nuestros días. La tecnología le ha permitido a una buena parte de la humanidad acceder a un bienestar material sin precedentes, pero no ha logrado proporcionarle al hombre la realización personal y en cambio parece ser la causa directa de su deterioro mental y emocional. Existe una insatisfacción generada por ese impetuoso desarrollo tecnológico, lo mismo en los países que viven en la mayor pobreza que en las naciones industriales o en vías de desarrollo. La abundancia material no ha conseguido más que incrementar la angustia, la frustración y la falta de fe en el futuro; así como la necesidad de usar tranquilizantes o de acudir a las drogas, al cigarrillo y a las bebidas alcohólicas.

Ese peso agobiante colocado sobre las espaldas del hombre contemporáneo es conocido como estrés, un nombre que en medicina sirve para identificar el deterioro impuesto al cuerpo por los incesantes cambios que el desarrollo tecnológico origina. A esos cambios el hombre no puede adaptarse al mismo ritmo reclamado por la espiral de progreso material. Y esa incapacidad, a la que nadie escapa, termina por reflejarse muy pronto a nivel bioquímico y fisiológico: más de la mitad de las muertes ocurridas en los países altamente desarrollados se deben a enfermedades cardíacas, que como nadie ignora siempre han sido provocadas por el estrés. Como, por lo visto, resulta imposible por ahora cambiar las reglas del juego, y por mucho que lo deseemos el estrés no puede ser suprimido, el hombre debe aprender a dominarlo, aumentando la resistencia del cuerpo frente a las tensiones que genera la vida moderna.

Entre todas las técnicas de relajación, la más apropiada para lograr ese propósito es la meditación. Cuando una persona empieza a meditar con regularidad, alcanza de inmediato un profundo estado de sosiego y de descanso que a corto plazo produce un incuestionable mejoramiento en su salud corporal, en su estabilidad emocional y por consiguiente en el desempeño de sus actividades. Pero no sólo la meditación es la técnica ideal para hacer frente al estrés y para aliviar las tensiones que son fuente de numerosas enfermedades, sino para desatar el potencial humano, liberando las inagotables reservas de energía y creatividad que el hombre necesita para responder al desafío que le impone el creciente desarrollo tecnológico de la sociedad.

Para la medicina oriental la enfermedad aparece cuando por alguna razón una persona pierde su armonía interior, de modo que cualquier tratamiento debe estar encaminado a guiar las corrientes de energía vital del paciente para que encuentre de nuevo el cauce por donde fluían, produciendo bienestar. Por supuesto que no es tan sencillo como lo hemos enunciado porque no se trata sólo de restablecer el equilibrio interno sino de lograr que esa energía individual vuelva a fluir sin tropiezos dentro de la poderosa corriente de la energía universal. El enfermo es una persona que de algún modo ha decidido aislarse, que ha interrumpido su intercambio de información con la inteligencia cósmica. Pero también, por suerte, biológicamente el cuerpo está programado para repararse a sí mismo. Para que recupere el equilibrio sólo es necesario despertar en el organismo una respuesta sanadora.

Eso no se logra utilizando únicamente los medios tecnológicos de la medicina convencional. Una buena práctica médica requiere, además, toda la sabiduría de la religión y todas las técnicas de la magia, como ha enfatizado el doctor Andrew Weil. Sin ellas no parece posible estimular la capacidad de autocuración que existe en toda forma de vida y muy especialmente en los seres humanos. Ese es uno de los tantos objetivos que persigue la práctica de la meditación: promover la curación espontánea, activar el sistema reparador del organismo.

Un número cada vez mayor de personas se sientan todos los días cómodamente en una silla o en un cojín y empiezan a meditar. Se han posesionado de una técnica que no implica muchos esfuerzos y de la que obtienen como primer resultado que la mente acceda a un agradable estado de relajación. Inmediatamente después el meditador experimentará por primera vez la extraña sensación de viajar hacia el interior de su propio ser, entrando en insospechados niveles de consciencia que le permiten llegar a conocerse a sí mismo y —¿por qué no?— a alcanzar el codiciado *samadhi*, ese estado de suprema paz y bienestar donde somos uno con el todo y donde no se siente ni se percibe nada.

Resultados de la meditación

"Meditar es fácil, pero prepararse para la meditación es muy difícil", ha dicho Swami Sivananda. Sobre los aspectos preparatorios de la práctica meditativa hablaremos extensamente más adelante. Ahora sólo deseamos subrayar que, contra el criterio generalizado, meditar no es solamente una actividad que se lleva a cabo con facilidad sino que está al alcance de cualquier persona, sin que importe su estilo de vida o sus creencias filosóficas y religiosas.

Otro criterio muy extendido es que la meditación tiene como única finalidad la iluminación espiritual, tal como la alcanzó Buda. Sin excluir la posibilidad de trascender y por consiguiente de acceder a estados superiores de conciencia, la práctica de la meditación proporciona casi de inmediato los siguientes resultados:

1. Eliminación de las tensiones acumuladas en el cuerpo.
2. Descenso de la presión arterial.
3. Eliminación del estrés.
4. Aumento de la capacidad de aprendizaje.
5. Aumento de la capacidad creadora.

Los científicos que en Occidente se han interesado poco a poco en la práctica de la meditación, han realizado y publicado numerosas investigaciones, gracias a las cuales se ha comprobado que cuando una persona empieza a meditar se fortalece en ella la conexión psicofisiológica, y por consiguiente hay una mejoría en su salud. Esa mejoría se hace visible muy pronto en un notable descenso en la hipertensión y en los niveles de colesterol en la sangre. Muchos países han realizado experimentos para medir las ondas cerebrales de los monjes budistas mientras meditan y se ha comprobado que durante la práctica meditativa las ondas alfa de esos monjes son de 8–13 hercios, lo que les permite acceder a un estado de completa relajación, que parece ser el secreto de la salud corporal. Investigaciones recientes han demostrado que los meditadores de larga práctica consiguen no sólo detener el proceso de envejecimiento sino incluso revertirlo, de modo que la edad biológica resulta en ellos impresionantemente menor que la edad cronológica.

Gracias a esas investigaciones también sabemos que el estrés y las preocupaciones debilitan el sistema inmunológico y aceleran el proceso de envejecimiento, que no es otra cosa que el deterioro progresivo del funcionamiento de nuestro cuerpo. Así que resulta fácil inferir que reduciendo el estrés se aumentan nuestras capacidades para vivir muchos años más sin el acoso de enfermedades, aceptando la llamada "tercera edad" como una etapa de la vida que puede ser disfrutada con alegría.

Ritmo respiratorio

La respiración es un ritmo natural como el ritmo de las estaciones, de las mareas o el de la rotación de la Tierra alrededor de su eje, dando lugar a los días y las noches. Pero ese ritmo, según el consejo yogui, debe ser "domesticado con suavidad y persistencia".

La fisiología nos dice que la hipófisis, glándula situada muy cerca del conducto nasal, está íntimamente relacionada con el ritmo del tiempo interior, del cual dependen los estados evolutivos de todas las personas: niñez, juventud, etcétera. Pero la doctrina yogui enfatiza que los ritmos de la hipófisis están determinados por el ritmo respiratorio, y en consecuencia si aprendemos a dominar ese ritmo podremos retardar el proceso de envejecimiento, prolongando de un modo notable nuestra vida útil. Las enseñanzas taoístas clasifican la respiración en tres categorías:

1. **Viento:** Interviene en la función natural del sistema respiratorio: el "viento" es el aire, esencial para preservar la vida.

2. **Chi:** Gracias a la respiración el cuerpo acumula energía y mediante la práctica meditativa la respiración se hace más lenta y sosegada.

3. **Hsi:** Prosiguiendo la práctica de la meditación la respiración se hace tan lenta que da la impresión de haberse detenido mientras se produce un ritmo respiratorio desde el abdomen inferior. Eso es lo que se conoce como "Hsi".

Para adquirir el dominio del ritmo respiratorio, de tanta importancia para quien se dispone a meditar, recomendamos varios ejercicios, mediante los cuales se eliminarán las tensiones acumuladas en el cuerpo, como primera providencia para combatir el estrés.

Respiración de alternancia térmica

Siéntese cómodamente. Coloque sobre el entrecejo los dedos índice y del medio de la mano derecha. Con la yema del dedo pulgar tape la ventana derecha de la nariz e inspire por la ventana izquierda mientras cuenta hasta ocho. Tape ahora con la yema del dedo anular la ventana izquierda y espire por la derecha, contando hasta ocho. A continuación debe inspirar de nuevo por la ventana derecha y espirar por la izquierda. Luego hacerlo a la inversa.

Si este ejercicio se practica con regularidad es posible llegar a percibir la alternancia térmica del ritmo respiratorio: el aire que entra frío por una ventana y sale caliente por la otra. Este ejercicio, con el tiempo, también nos hace conscientes de la absorción de la energía vital, lo que permite visualizar esa energía y conducirla a cualquier parte del organismo que deseemos vitalizar.

Respiración de meditación

Uno de los ejercicios respiratorios que brinda los mejores resultados es el denominado *"respiración completa"*, que es una respiración totalmente abdominal o diafragmática, y que igualmente es conocida como "respiración de meditación".

Debe efectuarse en estado de reposo, bocarriba y con los brazos extendidos a los lados del cuerpo. La inspiración debe hacerse lentamente por la nariz hasta llenar la parte inferior de los pulmones a tiempo que se eleva el abdomen.

Terminada la inspiración, debe comenzarse la espiración, también por la nariz, con la boca cerrada, hasta que se consigue comprimir el vientre.

La "respiración completa" puede efectuarse varias veces el mismo día, siempre que no produzca cansancio o fatiga.

He aquí otro ejercicio que recomendamos de un modo muy especial:

Siéntese cómodamente en un cojín, manteniendo la espalda recta.

Una las plantas de los pies.

Incline ligeramente la cabeza hacia adelante.

Una los dedos pulgar y del medio de cada mano.

Ahora concéntrese en el ritmo de su respiración.

Cuando inhale piense que está almacenando en su interior la energía más pura del universo.

Visualice que esa energía fluye por todo su cuerpo. Puede visualizarla como un rayo de luz o como un cristal líquido que penetra en todos sus órganos.

Postura de la meditación

Al concluir el ejercicio, repita mentalmente o de viva voz algún mantra. Si no recuerda ninguno, repita la palabra OM, alargando lo más posible el sonido de la letra M.

Inhalación y espiración

Al inhalar percátese de que está inhalando y al espirar tome conciencia de que está espirando. Un momento después debe empezar a poner toda su atención en las pausas que se producen entre inhalación y espiración. Son apenas breves períodos de tiempo, pero es muy importante que usted logre percibirlos porque esas pausas le servirán para orientarse en el viaje hacia su ser interno, que es una de las principales finalidades de la meditación.

Ahora ponga todo su interés en la sensación que el aire le produce al entrar y salir por sus fosas nasales. Imagine que el aire que entra le proporciona vitalidad mientras el que sale arrastra hacia el exterior cualquier negatividad acumulada en su organismo.

Respirando el infinito

Acuéstese en el suelo, bocarriba, en un espacio abierto.

Fije la mirada en el cielo mientras relaja el cuerpo y empiece a tomar conciencia de su ritmo respiratorio.

Imagine que el aire inspirado llega hasta las ventanas de su nariz desde el cielo, más allá de las nubes.

Ahora usted está respirando el aire contenido en el infinito. A pesar de la distancia que supuestamente los separa, gracias a la respiración el infinito y usted son la misma cosa.

No hay un solo pensamiento que acuda a su mente, ni existe algo que pueda preocuparlo.

Siéntase feliz y realizado. Usted está respirando el infinito.

Respírelo todo el tiempo que le sea posible.

Parte II:
El arte de meditar

La curación espiritual que se produce
con la meditación es por lo menos tan
importante como los beneficios fisiológicos.
—**Bernie Siegel**

Lo primero que alcanza a saber el aspirante a meditador es que existen distintas maneras de practicar la meditación: por ejemplo, la meditación que pone énfasis en la repetición de un sonido o la que nos enseña primordialmente a concentrarnos en el ritmo de la respiración. Una de las técnicas que mayor número de practicantes ha movilizado últimamente es la *meditación trascendental*, que fue introducida en Occidente por el yoga Maharishi Mahesh a finales de la década de los cincuenta. La meditación trascendental sostiene que la repetición de un sonido es una poderosa herramienta cuando tratamos de reducir la actividad mental a fin de que la atención de la mente se oriente hacia adentro, tal como si intentáramos una zambullida en busca de los niveles de consciencia cada vez más apacibles que subyacen en el fondo de nosotros mismos.

Esos sonidos que utiliza la meditación trascendental se denominan *mantras*. Mantra es un vocablo sánscrito que significa plegaria. También puede traducirse como "un pensamiento cuyos efectos son conocidos". De ahí que para los occidentales un mantra es una frase que se repite para lograr un determinado objetivo. A la repetición de un mantra los hindúes le dan el nombre de *japa* y la comparan con el esfuerzo que hace una persona cuando remece a otra para despertarla. Si desentrañamos el simbolismo de esta comparación, nos damos cuenta enseguida que despertar a una persona equivale a regresarla a la vida, a darle vida. Esa es la función del mantra: desatar mediante el sonido el poder creador de la mente. "Quien mental y vocalmente pronuncia con fuerza creadora el nombre natural de algo, da vida a la cosa que lleva ese nombre", ha dicho Arthur Avalon, uno de los grandes expositores del sentimiento religioso de la India. Según este punto de vista, el poder creador de la mente "viaja" en el sonido para posibilitar el acto mágico gracias al cual el hombre convierte en realidad lo que desea. El hombre, que es un Dios a pequeña escala, imita así con buen éxito la fascinante magia empleada por el Creador del mundo cuando dijo: "Hágase la luz". Y la luz se hizo.

La práctica de la meditación permite establecer contacto con nuestra verdadera naturaleza interna, cuyo conocimiento y disfrute nos habían secuestrado en medio del fárrago de emociones y actividades incontrolables que impone el ritmo, cada vez más acelerado, del mundo moderno. Deslumbrados por ese encuentro con nosotros mismos, adquirimos la noción no sólo de que en nuestro interior residía un huésped que nos era prácticamente desconocido sino de algo todavía más importante: que ya nunca más nos será posible renunciar a su compañía.

Mientras meditamos y dejamos atrás los pensamientos que corresponden a nuestras actividades conscientes, orientándonos hacia las profundidades de la mente, también experimentamos la sensación cierta de que a partir de ese momento ya no volveremos a ser los mismos. En efecto, meditar es casi como acceder a una resurrección, es cuando menos la asunción de un nuevo sentido de la vida, de una existencia más llena de gozo y posibilidades creadoras. Y a medida que seguimos descendiendo nos percatamos de que las frustraciones, la ira o el temor que hasta entonces pudieron residir en nuestros corazones, también van quedando atrás, cada vez más atrás.

Todo lo que era turbio finalmente se transforma en diáfano y mientras atravesamos ignotas regiones que simulan ser sucesivas capas de cristal líquido, nos acercamos sin prisa y sin esfuerzo a un gratificante resplandor que concluye anunciándonos que estamos a punto de alcanzar la más pura luz. Sentir que la luz nos envuelve, que nos penetra por todos los poros; aceptar la idea de habernos convertido en luz, es siempre una experiencia nueva que coincide con el propósito último del acto de meditar: *la iluminación*, tal como la alcanzó Buda sentado en un cojín de hierba bajo el árbol asvattha, un ficus que para los hindúes es un símbolo del universo.

Al mencionar ese proceso introspectivo del meditador, gracias al cual atraviesa diversos niveles de consciencia hasta llegar al verdadero fondo de la vida biológica, no hemos hecho otra cosa que referirnos directamente al origen del misticismo.

Todos los místicos, desde San Agustín hasta Sor Juana Inés de la Cruz, llegaron al éxtasis cuando tocaron a las puertas de la meditación y penetraron en el interior de ese recinto donde al fin pudieron abandonar, como un pesado fardo, las preocupaciones del mundo para acceder al reino de la felicidad.

Por esta razón nos llama la atención que el hombre moderno, obligado a una actividad cortical excesiva, que sin duda ocasiona un daño irreversible a los centros nerviosos del cerebro, le haya dado las espaldas durante años a las prácticas terapéuticas de las que la humanidad se fue apropiando desde los albores de la civilización para evitar la pérdida de la armonía interior. Pero eso explica también que en el curso de los últimos decenios, haya aumentado el interés que despierta la medicina alternativa y las prácticas terapéuticas como la hipnosis, la acupuntura y la meditación. Muchas personas que viven en países desarrollados han declarado estar dispuestas a pagar un suplemento en su seguro de enfermedad que cubra alguna forma de medicina tradicional.

La doctora Patricia Carrington, de la Universidad de Princeton, procurando remediar en algo esa carencia del hombre moderno, que apenas tiene tiempo para volver los ojos hacia sí mismo, elaboró la llamada "meditación clínicamente estandarizada", una nueva alternativa que tiende a la síntesis sin suprimir lo esencial, que es un compendio de todas las antiguas variantes del arte de meditar. Ha sido en verdad una feliz iniciativa, de la que todos debemos sentirnos regocijados, que la doctora Carrington ideara esa nueva alternativa que le está permitiendo a tanta gente, despues de una extenuante jornada laboral, reconciliarse con su ser interno. Pero es preciso señalar que si ella pudo desarrollar esa nueva modalidad y quizás más personas puedan buscar otras nuevas variantes. Se debe a que existen elementos indispensables, que le dan el toque de autenticidad a cualquier forma de meditar: la espalda erguida, los ojos entrecerrados, la punta de la lengua vuelta hacia el paladar y las manos en el regazo.

La espalda erguida

Interrogado acerca del Zen en posición sentada, el Maestro Zen Bankei respondió: "Simplemente a cerrar los ojos y a sentarse no es a lo que yo llamo meditación; sólo debe considerarse de valor a la meditación en posición sentada en armonía con el conocimiento sutil... La meditación en posición sentada con conocimiento sutil es la más elevada de las prácticas".

Sentarse parece ser la regla de oro en el arte de meditar. Ya el Bhagavad Gita formulaba estas indicaciones para la meditación: "En lugar purificado establezca su firme asiento, cubierto con lana y con piel de ciervo y encima de la estera, hierba kusa". Pero de inmediato subrayaba que la postura correcta no consistía en cualquier forma de sentarse y que debía hacerse "con tronco, cuello y cabeza firme y en línea recta".

Todos los antiguos textos sobre Yoga recomiendan meditar con la espalda recta, e idealmente en la postura del loto, es decir con los pies cruzados, el pie derecho sobre el muslo izquierdo, y el izquierdo sobre el muslo derecho. Pero como a la gran mayoría de los occidentales no le resulta fácil adoptar esa postura, al menos se les pide que mantengan la espalda recta mientras meditan.

Lo primero que se forma anatómicamente durante la vida intraute-
rina es la columna vertebral. Acaso por esa razón se convierte más
tarde en el sostén del cuerpo, en el canal por el que transita la urdim-
bre del sistema nervioso y en el receptáculo de la energía kundalini.
Mantener la espalda recta mientras meditamos significa concederle a
la columna vertebral la importancia que tiene en nuestro entramado
psicosomático y al mismo tiempo reconocer el papel que juega en el
ritmo respiratorio, del que no podemos desentendernos cuando iniciamos el viaje hacia nuestro mundo interior.

No existe la menor duda de que cuando meditamos con la espalda
recta respiramos más satisfactoriamente. Gracias a la respiración entra
en el cuerpo la fuerza vital, de modo que la espalda encorvada entor-
pece el ritmo respiratorio y le resta vitalidad al organismo. Cuando
una persona adopta esa postura da la impresión de estarse negando a
respirar y por lo tanto a aceptar la vida. Meditar con la espalda erguida
evita comprimir los órganos abdominales y aquieta los pulmones y el
corazón. Y si logramos apaciguar el corazón, reducir o espaciar el número de sus latidos, según la teoría yogui podemos prolongar la vida.
Para el Yoga la longitud de la vida está dada por el número de respira-
ciones que efectuamos. Esa es la razón por la cual insiste en la necesidad de practicar lo más posible la respiración lenta y profunda.

La teoría hindú del Yoga sostiene la idea de que al estado de relajación muscular, de meditación y por consiguiente del dominio de las
funciones fisiológicas se llega mediante una serie de ejercicios respiratorios. Para el Yoga en el aire hay dos fluidos: uno, al que llamamos
oxígeno, y el otro al que ellos denominan prana, que es exactamente
la fuerza vital, sin la cual es imposible la conservación de la salud.

El prana, según esa teoría, contiene a la vez dos fluidos: uno masculino o solar llamado *Pingala* al que los chinos denominan *yang* y otro femenino o lunar conocido como *Ida*, al que en China se le da el nombre
de *yin*. Basándonos en esa noción, la salud no es otra cosa que el resultado del justo equilibrio dentro del organismo de estos dos fluidos o
energías. ¿Y cómo se logra tal equilibrio? La respuesta parece ser una
sola: aprendiendo a respirar correctamente, algo que según los yogas es
una función que los occidentales realizan de un modo muy deficiente.

El Yin y Yang chino

Para la doctrina yogui existen dos sistemas nerviosos, uno de los cuales sólo opera en el plano astral. Este sistema nervioso etérico corre a lo largo de la columna vertebral, estableciendo una estrecha comunicación con los *siete chakras* que están situados también a lo largo del cordón espinal, por donde algún día, más tarde o más temprano, ascenderá el kundalini o fuego serpentino, esa fuerza divina que al llegar a la glándula pineal para darle esplendor al loto de los mil pétalos, marcará el momento exacto de nuestra realización espiritual.

Aunque la ciencia occidental no tiene respuestas a las múltiples interrogantes que nos hacemos sobre la generación, transmisión y naturaleza del impulso nervioso, la doctrina yogui no duda en afirmar que la energía nerviosa es justamente la forma que tiene de manifestarse en nuestro cuerpo la energía universal, es decir el prana. La doctrina yogui sigue diciendo que al entrar el prana o fuerza vital por ambos conductos de la nariz llega hasta un lugar situado detrás del entrecejo, quizás entre la silla turca y la hipófisis, desde donde se polariza en dos elementos: Ida y Pingala, cada uno de los cuales se dirige a una parte determinada del cuerpo para tonificarla.

Cuando esa fuerza energética continúa descendiendo hasta la región coccígea, exactamente hasta la base de la columna vertebral, se convierte en un centro de poder que recibe el nombre de *kundalini*, una manifestación bipolar del prana que adopta la forma del caduceo, una vara (la columna vertebral) rodeada de dos serpientes, que en la actualidad es el símbolo de la medicina.

Posiblemente durante años, y acaso durante varias vidas, la energía kundalini se almacena en el perineo, exactamente entre el ano y los órganos genitales, para más tarde ascender por todo el sistema de chakras y todos los niveles de consciencia hasta hacer su aparición, como un destello de indescriptible belleza, en lo más alto de la cabeza.

Resulta más que interesante, aunque todavía casi incomprensible, saber que estamos diseñados para realizar primero un viaje descendente hasta la condición humana y luego otro en dirección inversa hasta alcanzar la divinidad, o lo que es lo mismo: que estamos destinados a abandonar el infinito para regresar a él, cargado con todas las experiencias que nos proporcionan las sucesivas encarnaciones. Como kundalini se almacena en el chakra muladhara o chakra raíz, en la proximidad de los órganos reproductores, representa la fuerza que enciende la llama del deseo sexual no sólo para perpetuar la especie sino para establecer una íntima comunicación con otras personas, para recibir el placer que proporciona el sexo opuesto.

Kundalini es el bíblico árbol del bien y del mal: cuando la energía desciende puede obligar incluso a la satisfacción de los más groseros apetitos materiales, pero cuando asciende puede dar nacimiento al genio o al sabio, al hombre que ha llegado a la cima de la evolución. Kundalini es la iluminación de que hablaba Buda, es la promesa cierta de que el hombre, algún día, acaso ya cercano, logrará acceder a la divinidad. De ahí que ya no es un secreto para nadie que el halo que circunda la cabeza de los santos es el destello de kundalini.

Existen muchas prácticas —el uso de las drogas, entre otras— para propiciar supuestamente el ascenso de kundalini, violentando etapas del proceso evolutivo, pero todas resultan peligrosas para la estabilidad mental del hombre. La única práctica que permite despertar gradualmente esa fuerza energética, sin asumir riesgo alguno es la meditación.

Los ojos entrecerrados

Aunque mucha gente acostumbra meditar cerrando los ojos, tanto los budistas como los taoístas han enseñado que durante la meditación es necesario entrecerrar los párpados y dirigir la mirada hacia la punta de la nariz a fin de fijar el pensamiento —o más bien la ausencia de pensamiento— en el punto que está en medio de los dos ojos, al que los taoístas denominan "el centro amarillo" y los budistas "el centro en medio de las condiciones".

Resulta interesante subrayar esta coincidencia puesto que en el rostro humano (así como el Sol domina la frente, Júpiter el ojo derecho y Saturno el izquierdo) la Luna reina en medio de los dos ojos, justo donde comienza la nariz, y ya se sabe que desde el punto de vista de la alta magia, tal como señalaba Eliphas Lévi, las obras de adivinación y de misterios están bajo la invocación de la Luna.

En efecto, soslayando el sentido práctico de sus efectos sobre la salud, el acto de la meditación está gobernado por el misterio. Se ha dicho que cuando rezamos, Dios escucha nuestros rezos y solicitudes, pero en cambio, cuando meditamos, somos nosotros quienes podemos escuchar la voz de Dios. Para Edgar Cayce el mayor logro de la meditación residía no sólo en propiciar el desarrollo de la consciencia psíquica o en la adquisición de poderes paranormales sino en alcanzar en ese instante un total abandono del cuerpo físico, como ha podido ocurrirle a aquellos que han tenido experiencias en el umbral de la muerte. La verdadera finalidad de la meditación consiste, pues, en rendirse a un poder más alto, de modo que la conciencia de Dios llegue a habitar el cuerpo del meditador. O dicho en otras palabras: en conseguir que no sea uno quien está meditando, sino que Alguien —es decir Dios, el Supremo, el Absoluto, como usted prefiera llamarlo— nos esté misteriosamente meditando a nosotros.

Las manos en el regazo

Muchos tratados de Yoga no dicen nada sobre la posición que deben adoptar las manos mientras meditamos, de manera que habitualmente se las deja reposar en el regazo, a veces entrelazando los dedos como el meditador lo desee, o a veces extendiendo los brazos hasta que las manos con los dedos doblados tocan las rodillas. Otra forma sería uniendo los dedos pulgar y del medio de cada mano. Algunos textos dicen que las manos deben colocarse cómodamente en el regazo, como lo hemos visto en muchas estatuas, es decir con la palma derecha sobre la izquierda, y acaso con los dos pulgares haciendo contacto.

En cada palma de la mano existe un centro receptor de energía. Meditar con las palmas de las manos vueltas hacia arriba significa el deseo de solicitar protección y ayuda durante el viaje hacia sí mismo. También puede significar solicitar ayuda para resolver algún problema específico, alguna carencia que debemos satisfacer.

Aunque el meditador no exprese el deseo (pero es mejor que lo exprese), por las palmas de sus manos entrará a raudales la energía universal, gracias a la cual se verán satisfechos los deseos. La Inteligencia Suprema acude inmediatamente a proveer de energía al meditador, apenas extiende las manos solicitándola.

La lengua en el paladar

Se dice que desde muy antiguo los maestros taoístas alcanzaron a percatarse de que existían dos canales que llevaban la energía a todas las partes del organismo. Uno de esos canales, el yin, nace en la base de la columna vertebral y asciende por la parte delantera del cuerpo hasta llegar a la punta de la lengua; el otro, el yang, asciende por la parte trasera, realizando su recorrido desde el perineo hasta el paladar. Por ese motivo la lengua ha sido considerada como un puente que puede ser tendido para conectar las dos corrientes energéticas. Cuando se consigue colocar la lengua apuntando hacia el paladar, tocándolo, las dos energías se entrelazan y logran fluir armoniosamente, produciendo bienestar y salud.

Por supuesto que para el meditador no es fácil, sobre todo al principio, mantener la punta de la lengua vuelta hacia el paladar, así que puede empezar a meditar tratando por lo menos de aproximarla a los dientes. Las posturas descritas, aunque resulta conveniente adoptarlas lo más fielmente posible mientras se medita, sin embargo no son un fin en sí mismas.

Podemos mantener la espalda erguida, entrecerrar los ojos, colocar la lengua muy cerca del paladar y controlar el ritmo respiratorio, disminuyéndolo y eso no quiere decir que hayamos conseguido interrumpir el contacto con el mundo exterior, "cerrando las ventanas" a las solicitaciones de los sentidos a fin de destruir el proceso de exteriorización. Pero no hay que desesperar. El pranayana, el control de la respiración, entrega al meditador la posibilidad de cerrarse al exterior, clausurando el flujo de las informaciones sensoriales.

Logrado ese primer paso, no es difícil alcanzar lo que Patanjali llamaba *dharana*, que equivale a la concentración indispensable para dirigir nuestra voluntad meditadora en una sola dirección. Esa concentración no está destinada, como muchos suponen, a impedir la actividad mental sino únicamente la actividad sensorial. Por el contrario, cuando la atención se dirige a un punto fijo, el cerebro, como ha dicho Jean Varenne, "recibe una mayor cantidad de luz intelectual", se abre en un placer insospechado a las percepciones más sutiles, y facilita de un modo notable el proceso de iluminación, la entrada en el reino de la libertad.

Motivos para meditar

Según el budismo son cuatro los motivos por los cuales una persona se entrega a la práctica meditativa: porque el karma lo inclina a meditar, porque desea mejorar su estado de salud, porque considera imprescindible prepararse para una nueva vida y necesita crecer espiritualmente, y finalmente porque desea seguir el camino de Buda y alcanzar la iluminación.

Generalmente la meditación es considerada una expresión de las tradiciones religiosas orientales, cuya finalidad, como ya se ha dicho, es la conquista de la iluminación espiritual, tal como la alcanzó Buda mediante la práctica de la meditación vipassana. Aunque esa formulación no deja de ser cierta, sin embargo la meditación es también una práctica abierta a todas las personas, a ninguna de las cuales se le impone una serie de normas estrictas que deben cumplir. Sólo se le pide que trate de practicarla con la mayor disciplina posible.

Tampoco se requiere un riguroso ritual para disfrutar el estado meditativo. A veces a ese estado de excepcional placidez se accede en el momento menos esperado, cuando caminamos por el campo bajo la bóveda de los ramajes de árboles corpulentos o a lo largo de una playa en un hermoso atardecer. Sólo es necesario que en ese instante único logremos sintonizar con las fuentes energéticas del universo para que nos sintamos invadidos por esa quietud suprema del espíritu, gracias a la cual también en ese instante somos más puros, más generosos y más felices que en ningún otro momento de nuestras vidas.

La meditación es una actividad que efectuamos para lograr un determinado objetivo: para fortalecer el sistema inmunológico, para potenciar las capacidades creadoras o para lograr el éxito en áreas específicas, que responden a nuestras metas personales, tanto en el terreno de los quehaceres profesionales como en el de las relaciones con nuestros amigos y familiares.

Se medita por una necesidad espiritual, para acercarnos a Dios, pero también por otras muchas razones. Veamos algunas de ellas:

1. Alcanzar la paz interior.

2. Reducir los efectos devastadores del estrés.

3. Conocer las encarnaciones anteriores.

4. Adquirir poderes sanadores.

5. Realizar proyecciones astrales.

6. Desarrollar la clarividencia.

7. Tener éxito en el amor.

8. Facilitar el acceso al subconsciente.

9. Establecer comunicación con los familiares fallecidos.

10. Lograr acceso a campos de energía más sutiles, así como a otras dimensiones de las que no teníamos noticias.

Decálogo del meditador

1. Una vez que una persona haya tomado la decisión de empezar a meditar lo primero que debe hacer es destinar una habitación donde esa práctica se pueda efectuar en el mayor silencio posible. La habitación destinada a la meditación debe ser un lugar sagrado, en el que pueden y deben colocarse imágenes de un maestro o divinidad, así como velas y flores.

2. Procure meditar llevando ropas limpias, ligeras, que no estén ceñidas al cuerpo. Sería preferible dejar los zapatos fuera de la habitación. Quitarse el calzado y dejarlo fuera subraya la idea de que la habitación destinada a la práctica meditativa es un "suelo sagrado".

3. Siéntese cómodamente, con preferencia en un cojín circular, a fin de que las nalgas se alcen y las rodillas puedan apoyarse en el piso. Las manos deben estar unidas en el regazo, con las palmas hacia arriba.

4. Mantenga la espalda recta para adquirir una postura de dignidad y facilitar el ritmo respiratorio.

5. Coloque la punta de la lengua vuelta hacia el paladar o lo más cerca posible de los dientes.

6. Entrecierre los ojos, con la vista fija en un objeto.

7. Respire lenta y profundamente. Después respire naturalmente.

8. Comience a pronunciar mentalmente una palabra que responda al motivo de su meditación: paz, amor, salud, compasión. También puede utilizar el mantra tibetano: OM MANI PADME HUM. O simplemente el sonido primordial: OM.

9. Trate de alejar los pensamientos inoportunos, las preocupaciones de la vida diaria, a fin de mantener la atención fija en una sola dirección: lograr la concentración mental. La manera más fácil de lograr esa concentración consiste en contar las inspiraciones y espiraciones. Cuando inhale diga "uno". Cuando exhale diga "dos", y así sucesivamente hasta llegar a diez. A continuación vuelva a inhalar y decir "uno", hasta llegar de nuevo a diez, repitiendo el proceso mientras sea necesario.

10. Suéltese. Déjese llevar hasta el fondo de su propio ser. Inicie con alegría ese fascinante viaje hacia sí mismo. Al finalizar la práctica, el meditador debe levantarse lentamente y caminar en silencio dentro de la habitación durante cinco minutos.

Karma y salud

Retrocediendo en el tiempo, encontramos que las primeras personas que se decidieron a curar a los demás estaban orientadas hacia ese propósito por una vocación espiritual. El primer chamán o médium que utilizaba sus manos para sanar a otra persona, lo hacía rezando. Durante la Edad Media en los monasterios los monjes se dedicaban a la investigación médica, uniendo en una misma dirección ciencia y religión. En China y en Japón la terapia espiritual se ha practicado quemando incienso y pronunciando un mantra.

Esa puede ser la explicación por la cual actualmente muchas personas no están satisfechas con el tratamiento médico que aborda al paciente como un objeto y acuciados por la memoria subliminal, añoran el componente mágico y buscan vías alternativas de sanación que son las mismas o similares a las que se emplearon en los albores de nuestra civilización para curar apelando a la fe, a la intercesión de una divinidad o a los poderes infinitos de la mente.

En Occidente los factores desencadenantes de numerosas enfermedades son el resentimiento, el miedo, la ansiedad y otras tantas emociones negativas. Existen fármacos que pueden ayudar a sobrellevar la carga de esas emociones destructoras, pero ninguno actúa para darle solución definitiva a los conflictos, proporcionando la paz interior.

Lao Tse dijo que el bienestar de las personas dependía de su "capacidad para retornar a la naturaleza". La práctica de la meditación nos entrega esa posibilidad. Meditando desaparecen todas las perturbaciones mentales que origina la agitada vida moderna.

Meditando llegamos a poseer una mente quieta y alerta, liberada de todas las exigencias del ego. El ego es la identificación con el cuerpo físico, con el nombre que nos dieron al nacer, con la profesión que escogimos, con los placeres que nos procuramos, con las ambiciones que nos mueven a la lucha diaria.

El ego, por consiguiente, no tiene nada que ver con nuestro ser interno, al que se le puede mencionar con cualquier nombre —alma, espíritu, subconsciente— pero que es ciertamente lo único perdurable en nosotros, donde reside la sabiduría que garantiza la felicidad, la salud y la autorrealización. En la India a ese ser interno lo llaman *Shiva* y dicen que está sentado en el Kailas del corazón. Shiva es el maestro interior, cuya voz es necesario aprender a escuchar mientras nos dedicamos a la práctica de la meditación. Para los hindúes la meditación es la vía más directa para escuchar la voz de Shiva.

La meditación, como ya se ha reiterado, es una práctica terapéutica eficaz, por cuanto armonía equivale a salud. Pero también es un método idóneo para llegar a saber quiénes somos, de dónde venimos y a dónde vamos.

El sacerdote católico Francois Brune estudió el fenómeno psíquico de las personas que han logrado sobreponerse al momento de la muerte. Investigó más de cien casos de sobrevivencia en los quirófanos, y todas esas personas explicaron más tarde que durante el breve período de tiempo en que estuvieron a punto de morir recordaron los más mínimos detalles de sus vidas, como si se tratara de una proyección cinematográfica y hasta lograron transportarse a los lugares que vivieron en la infancia. También Harol Sherman, fundador de una institución dedicada a la investigación de las experiencias en los umbrales de la muerte, logró acumular una valiosa información que permitía percibir con una precisión casi científica el límite entre la vida y la muerte. Aunque parecen ser recientes las investigaciones en torno a estos fenómenos, lo cierto es que ha apasionado siempre al ser humano.

Entre las personalidades científicas que le han prestado enorme interés a estas investigaciones hay que mencionar también al físico inglés sir William Barret, fundador de la Sociedad para la Investigación Psíquica de Londres, Elizabeth Kübler–Ross, Raymond Moody, autor del famoso libro *La vida más allá de la vida*, Karlis Osis y Kenneth Ring, quien se desempeñó como profesor de la Universidad de Connecticut y valiéndose de la colaboración de médicos y enfermeras de distintos hospitales logró recoger numerosos testimonios de personas que estuvieron al borde de la muerte, que le sirvieron para publicar su libro *Life at Death*.

Todos ellos relataron que las personas que regresaron a la vida, lo mismo fueran creyentes o ateas, refirieron similares experiencias: disfrutaron de un estado de paz y felicidad nunca alcanzado durante la vida terrenal. La mayoría de ellos dijo haber atravesado un túnel al final del cual, dentro de un haz de luz, lo esperaban familiares y amigos que habían muerto mucho antes y que los recibían con grandes muestras de júbilo y cariño. Muchos de ellos dijeron también que la experiencia los había transformado interiormente pues no sólo perdieron el miedo a la muerte sino que a partir de ese momento sintieron la necesidad de aprovechar con mayor intensidad el tiempo que aún les tocaba vivir, consagrándose a proporcionarle felicidad a los demás como un medio de lograr su propio mejoramiento espiritual. Esos fenómenos, que se han repetido con no poca frecuencia, han despertado la curiosidad de mucha gente ahora interesada, no sólo en saber si realmente el alma es inmortal, sino en averiguar quiénes fueron ellos en otras vidas.

Durante los últimos años en la psiquiatría se está imponiendo el criterio de que el origen de numerosos trastornos mentales de causa desconocida se puede derivar de conflictos no resueltos en vidas anteriores. Esa es posiblemente la razón por la cual han cobrado tan singular relevancia las terapias de regresión a vidas pasadas. En 1956, Morey Bernstein publicó el libro *The Search for Bridey Murphy* donde relataba las experiencias de la señora Virginia Tighe, una de sus pacientes, quien durante un trance hipnótico afirmó que en una vida anterior se llamaba Bridey Murphy y había vivido en Irlanda. Años más tarde Bernstein viajó a Irlanda y pudo verificar, visitando archivos y hemerotecas,que todos los datos suministrados por Bridey relacionados con su nacimiento, dirección postal y matrimonio eran totalmente ciertos. Más recientemente el psiquiatra Brian Weis en su libro *Many Lives, Many Masters*, describió experiencias de regresión a vidas pasadas similares a las expuestas por Bernstein.

En la India, como en la mayoría de los países orientales, ha existido el criterio de que el ser humano se compone de un cuerpo que se deteriora y desaparece con el tiempo respondiendo a la ley de la entropía, y de un alma inmortal que está destinada a habitar distintos cuerpos en sucesivas encarnaciones. El budismo acepta la reencarnación y para esa doctrina el principio inmortal que anima a esos distintos cuerpos recibe el nombre de *namshés*. Pero al namshés no le está permitido elegir con entera libertad el nuevo cuerpo que debe ocupar. Esa selección estará determinada por una ley inexorable de causa y efecto: el karma.

Según el budismo cuando alguien muere entra en un estado transitorio llamado Chikhai Bardo, donde generalmente las personas desencarnadas permanecen durante tres o cuatro días sin darse cuenta aún de su verdadera situación. Llegan a saber que están muertas al entrar en un segundo estado denominado Chonyid Bardo, del cual pasan al tercer estado, Sidpa Bardo, donde permanecen hasta el momento de iniciar una nueva encarnación.

Un motivo poderoso para que mucha gente se dedique a meditar es llegar a saber quiénes fueron en sus vidas anteriores, no sólo por la curiosidad innata en el ser humano sino porque en el desarrollo de esas vidas pueden encontrarles explicación a muchos de los conflictos enfrentados en la presente existencia, y al conocerlos, pueden mejorar sus conductas, poniendo cuidado de no caer en los mismos errores que cayeron antes, aliviando así cualquier aspecto negativo del karma personal.

Inexorablemente el que a hierro mata en una vida a hierro morirá en la siguiente vida, en la misma forma que quien logra seducir a la mujer de un amigo pagará con el exilio en su vida presente o en una posterior. Siempre se recogerá lo sembrado. El pasado es el futuro. Sabiendo lo que fuimos, podemos llegar a saber lo que seremos. Por supuesto que igual que gracias al esfuerzo y la devoción desplegados es posible alcanzar la iluminación espíritual en una sola vida, tal como lo anunció Buda, también poniendo de nuestra parte, practicando el amor, la compasión y el altruismo, deseando para el prójimo lo que deseamos para nosotros mismos, podemos purificar el karma, lo que en la práctica significa ahorrarnos muchos de los sinsabores que nos aguardaban.

¿Cómo podemos acceder durante la meditación al conocimiento de nuestras existencias anteriores? Apuntemos una posibilidad: utilizando los mismos recursos del hipnólogo durante el desarrollo de una terapia de vidas pasadas, es decir repitiendo frases como éstas: Voy a viajar hacia atrás en el tiempo, más allá del tiempo y el espacio, más allá de mi vida presente. ¿Quién soy ahora? ¿Cómo me llamo? ¿En qué país estoy viviendo?

Conociendo nuestras vidas pasadas también podemos mejorar nuestra salud corporal. Muchas dolencias orgánicas se deben a algunas de nuestras acciones en una encarnación anterior. Si le quitamos la visión a alguien en otra vida podemos padecer ahora alguna enfermedad ocular. Es sólo un ejemplo de otras tantas dolencias que pueden ser provocadas por nuestro pasado espiritual. Enmendando ahora las faltas de ayer, sin duda nos estamos procurando salud.

Proyecciones astrales

Otras personas meditan con el propósito de potenciar las facultades naturales que tiene el ser humano de realizar proyecciones astrales, fenómeno que también se conoce con los nombres de desdoblamiento, experiencia extrasomática, bilocación y experiencia fuera del cuerpo, término que aparece abreviado con las siglas OBE, del inglés Out of Body Experience.

Los místicos hindúes y los tibetanos hablan con mucha frecuencia de estas experiencias y en la hagiografía católica menudean también las referencias a numerosos santos que fueron vistos en dos lugares al mismo tiempo. Se sabe que San Antonio de Padua celebró misas en dos conventos el mismo día y a la misma hora, mientras que San Francisco Javier fue visto simultáneamente en dos embarcaciones marítimas. Otras bilocaciones notables fueron las de Teresa Neumann y las del padre Pío, quien efectuó curaciones milagrosas a distancia, proyectándose astralmente hasta el lugar en que se encontraba la persona que él deseaba curar.

Las proyecciones extrasomáticas se ocasionan a menudo sin que la persona lo haya deseado, de un modo espontáneo e inesperado. En muchos de esos casos la salida del cuerpo físico hacia un lugar distante se produce incluso en personas que no tienen ni formación religiosa ni inquietudes espirituales. Estando dormidas, como si se tratara de un simple sueño, se sienten conducidas fuera de sus casas o a veces fuera de la ciudad en que viven, como si una fuerza para ellas desconocida las estuviera urgiendo a realizar una tarea imprescindible, en beneficio de una persona que no tiene que ser precisamente un amigo o un miembro de su familia. A menudo, durante esas proyecciones astrales, toman de la mano a un niño en peligro, ayudándolos a reencontrar el camino del hogar, o impiden que el conductor de un auto siga adelante a toda velocidad sin percatarse de que en la vía hay un obstáculo que puede poner en riesgo su vida. Personalmente tengo relaciones de amistad con una persona digna de todo crédito, quien me relató que durante una proyección astral involuntaria logró sofocar un fuego originado en la cocina de la casa de un sobrino. Una semana más tarde confirmó que el mismo día en que él tuvo esa experiencia extracorporal en la residencia del sobrino se desató un fuego en la cocina que milagrosamente no se propagó hasta otros lugares de la casa.

Las proyecciones extrasomáticas se producen gracias al cuerpo astral, que es una réplica exacta del cuerpo físico en el que se almacenan los deseos y las emociones. Durante la proyección el cuerpo astral no se separa totalmente del cuerpo físico, sino que continúa unido a él por el "hilo de plata", que únicamente será cortado si sobreviene la muerte. Pero aunque una parte del cuerpo astral sigue unida al cuerpo físico a fin de participar en las funciones esenciales del organismo, la otra parte

del astral disfruta de una libertad absoluta para realizar las más fascinantes aventuras, permitiendo visitar países desconocidos y hacer contacto con personas de distintos orígenes y patrones culturales.

Aprender a proyectarse astralmente no es tan difícil como cabe suponer. Puede decirse que es algo similar a emprender el aprendizaje
de una nueva actividad. Pero antes de que usted empiece a meditar
con ese propósito, el aprendizaje tiene sus requisitos. Uno de ellos es
la dieta. Comer y beber son exigencias fisiológicas normales, pero para
los fines de la proyección astral es aconsejable, si no dejar de comer
durante cuarenta días como lo hizo Moisés en la montaña o Jesucristo
en el desierto, al menos reducir la cantidad de alimentos que consu-
mimos diariamente. El que desee experimentar una proyección extrasomática debe comprometerse a comer menos de lo que está acos-
tumbrado. Una dieta vegetariana puede ser la solución.

El aprendizaje debe realizarlo con preferencia en la misma habitación que ha destinado a meditar. Debe proponerse realizar sus prácticas a la misma hora, al atardecer o por la noche, antes de irse a la cama.
En perfecto estado de relajación, con los ojos cerrados, empiece a respirar rítmicamente, poniendo toda su atención en las exhalaciones, de
modo que ellas sean lo más prolongadas posible.

Ahora debe visualizar que desde la región de su plexo solar "sale" un
torrente de energía positiva, que puede ser imaginado como un potente rayo de luz en cuyo interior "viajan" los más puros sentimientos
de amor, compasión y altruismo. Logre que esos sentimientos sigan
"viajando" dentro de la luz hasta los lugares más distantes. No realice
el menor esfuerzo por imaginar esos lugares. Déjese conducir por la
luz. Permita que la luz ilumine espontánea y libremente esos lugares,
que pueden ser una selva, una región montañosa, una playa o una ciudad iluminada al anochecer.

Esa práctica inicial puede prolongarse por días o semanas, durante
los cuales usted puede concebir la idea desalentadora de que no
avanza en su aprendizaje. Sin embargo, en su interior una voz amiga
comienza a decirle al mismo tiempo que quizás sus aspiraciones muy
pronto podrán verse satisfechas. Cuando ya se sienta preparado para

dar un nuevo paso, visualice que usted "sale" de usted mismo desde el plexo solar, sin necesidad de confirmar que ese cuerpo astral sigue unido a su cuerpo físico por el "hilo de plata". Al contrario, visualice que su cuerpo astral "viaja" libremente, sin encontrar un solo obstáculo a su paso, sin que nada le impida el movimiento. Déjese llevar por la espontaneidad. Permita que su cuerpo astral realice las labores que desee —curar a una persona postrada en una cama o impedir un accidente automovilístico—, sin que su voluntad interfiera. Abrigue la certeza que con posterioridad, cuando haya completado el aprendizaje, el cuerpo astral obedecerá todas sus órdenes y realizará las tareas que usted le asigne.

Cuando una persona experimenta por primera vez una proyección astral suele tener miedo de no poder regresar a su cuerpo físico, pero poco después percibe que entra en un estado de inenarrable felicidad y bienestar. Este es el relato de un hombre tras su primera experiencia extracorporal:

"Una tarde me vi suspendido en el aire, como si la fuerza de la gravedad no existiera y pensé de pronto que estaba soñando. Sin embargo, miré hacia abajo y contemplé mi propio cuerpo sentado en un sofá, con los párpados entrecerrados pero sin la menor duda despierto. Mirándome a mí mismo, caí en la cuenta de que estaba experimentando un viaje astral, de los que tanto había oído hablar. Inicialmente lo que más me preocupaba era no poder regresar a mi cuerpo físico cuando lo intentara. Sentí miedo, pero enseguida me dije que no era imprescindible regresar tan pronto, que debía esperar hasta comprobar, como había oído decir, que en ese estado era posible moverse de un lado al otro con entera libertad. Sentí deseos de caminar y en efecto pude hacerlo como si el aire me sostuviera, como podía caminar por una calle cualquiera. De pronto, sin proponérmelo, atravesé las paredes de mi casa y salí al exterior. Estaba anocheciendo y las personas que regresaban a sus casas pasaban a mi lado sin reparar en mi presencia. Entonces, invadido por una gran alegría, como la que puede experimentar un niño, quise volar por encima de las azoteas y enseguida vi realizando mi deseo. De eso hace ya casi dos años y en todo ese tiempo no he vuelto a tener una experiencia igual. Y cuánto la he deseado, porque en ninguna otra ocasión de mi vida he sido tan feliz como en esos momentos".

He aquí el relato de una persona que durante la práctica meditativa experimenta voluntariamente proyecciones fuera del cuerpo:

"Cuando aprendí que era posible proyectarse astralmente, me sentí fascinado por ese descubrimiento. Casi a diario trataba de entrar en ese estado de absoluta libertad que, además, ha contribuido de un modo notable al mejoramiento de mi salud corporal. Proyectarse en cuerpo astral es una fuente inagotable de satisfacciones porque nos es posible ayudar a otras personas que se encuentran en una situación difícil. En una ocasión me enteré que un amigo de la infancia, que vivía en otra ciudad, estaba bajo los efectos de una profunda depresión a causa de la reciente muerte de su esposa. Me hice el propósito de proyectarme astralmente hasta su casa para prestarle ayuda. Me vi salir del cuerpo físico como otras tantas veces y volar por los aires sin rumbo fijo hasta que descendí en una casa que precisamente era la de mi amigo. Lo vi sentado al borde de la cama acariciando una pistola. Me di cuenta de que pensaba suicidarse. "¿Qué podía hacer yo, Dios mío?", me pregunté mientras me acercaba a él y comenzaba a susurrarle palabras consoladoras. Le dije que pensara en su mujer, con toda seguridad ella no iba a aprobar su conducta. Era de suponer que ella, desde el lugar en que se encontraba, prefería que aceptara su muerte con resignación y que experimentara la misma felicidad que deseó proporcionarle durante todo el tiempo que vivió a su lado. Pues bien, antes de que decursara un mes pude verificar que no habían sido imaginaciones mías. Mi amigo, bajo su fuerte depresión, había intentado suicidarse pero en un momento determinado le pareció escuchar la voz de su mujer, aconsejándole que no lo hiciera".

Estas proyecciones extrasomáticas, experimentadas voluntaria o espontáneamente, revelan que a nuestra conciencia le está permitido actuar fuera del cuerpo físico con entera libertad y pleno dominio de sus facultades, lo que nos lleva a pensar que podría también hacerlo después que ocurra la muerte.

Meditaciones dirigidas

Las primeras imágenes que habitan en nuestro interior las adquirimos supuestamente en la niñez. De muchas de ellas y a veces de casi todas nunca llegamos a tener noticias en el plano de la conciencia porque las cubre lo que Sigmund Freud llamó la "amnesia infantil", es decir porque las hemos reprimido, tal como si las hubiéramos guardado en una gaveta que ahora nos cuesta abrir. Pero aunque las hayamos reprimido, o quizás por esa misma razón, tales imágenes no dejan de dar constantemente señales de vida, a menudo expresándose mediante símbolos en los sueños, o interfiriendo nuestra conciencia despierta con patrones de conducta que nosotros no hemos elegido y que sin embargo determinan nuestras relaciones con los demás, y la mayor parte de las veces, como ha dicho Sri Aurobindo, provocan nuestras enfermedades, sobre todo las crónicas o aquellas que se repiten con cierta frecuencia.

El filósofo y psicólogo Carl Jung ha ido mucho más allá expresando que junto a nuestro inconsciente personal, que es el reservorio de esas imágenes, existe otro transpersonal, al que dio el nombre de "inconsciente colectivo", el cual nos provee de un gran número de imágenes que pertenecen a la infancia de la especie y se expresan en símbolos ancestrales emanados incluso de otras culturas que nos nutren sin tener relación con ellas. Enfatizando en ese punto de vista agregó: "Así como el cuerpo humano muestra una anatomía general por encima y más allá de todas las diferencias raciales, también la psique posee un sustrato general que trasciende todas las diferencias de cultura y conciencia".

Y lo que pudiéramos llamar un tercer grupo de imágenes que habitan en nuestro interior son el resultado de las experiencias que hemos ido adquiriendo a lo largo de nuestras vidas, del conocimiento que hemos almacenado con relación a nosotros mismos y al mundo que nos rodea. Todas esas imágenes conforman nuestra personalidad y nos ayudan, a decidir entre las múltiples opciones que se nos presentan. Es decir, han programado nuestra conducta y por consiguiente, nos guste o no, tenemos que aprender a batallar con ellas si realmente deseamos aprender a conocernos, adquirir un pleno dominio de nosotros mismos, conservar nuestra salud psíquica y corporal, y garantizarnos un exitoso desempeño en nuestra vida profesional. He usado a propósito la palabra batallar porque de lo que se trata realmente es de desarrollar la capacidad no sólo de sintonizar con las imágenes que nos guían, sino la de entrar en un proceso de creación activa de otras imágenes nuevas que nos ayuden a mejorar nuestra existencia y también, aunque parezca algo más difícil, a modelar el futuro a nuestro gusto.

Si el pasado no puede cambiarse, es decir el pasado que registra la historia o la crónica social, al menos sí sabemos que es posible transformar nuestro pasado interior, ese pasado que vive dentro de nosotros en forma de imágenes. Muchos psicoterapeutas, siguiendo una línea de inspiración psicoanalítica que logra traer a la conciencia los elementos del psiquismo inconsciente, aconsejan la práctica de un ejercicio denominado el "niño interior", que más o menos se realiza del siguiente modo:

En un estado de total relajación, debemos imaginar que recorremos un bosque o un jardín, o algún otro sitio natural, donde al fin nos encontramos con el niño que nosotros fuimos. Lo más probable es que el encuentro se produzca en una etapa en que ese niño sintió ansiedad o miedo, o fue objeto de algún maltrato moral o físico, y expresándole nuestro cariño, consuelo y apoyo, podemos rehacer, sino el hecho doloroso, al menos las imágenes provocadas por esa situación traumática. Lo sorprendente es que apoyando y expresándole cariño al niño, fortaleciendo su autoestima, puede también lograrse que desaparezcan los conflictos que por el sufrimiento del niño arrastraba el adulto.

Algo parecido ocurre con la denominada "técnica de la silla" empleada por la terapia Gestalt, en la que uno puede utilizar la imaginación para ocupar una silla frente a otra persona también imaginaria, por ejemplo el padre. Cuando uno ya ha acabado de hablar con él, cambia de asiento y asumiendo su papel, se contesta a sí mismo. De ese modo, hablando en presente sobre sucesos del pasado, quedan eliminados tal vez para siempre los conflictos que pudieron existir entre padre e hijo.

Aunque quizás todo el mundo acepta que la mayor parte, si no todas nuestras decisiones, dependen de las imágenes inconscientes, todavía sigue en pie la controversia sobre el lugar exacto donde se almacenan esas imágenes. Para algunos ese lugar está en el cerebro, justamente en el hemisferio derecho, destinado no a razonar y actuar metódicamente como el izquierdo, sino a conducirnos en alas de la imaginación a la creación artística o al disfrute de los valores espirituales. En cambio, para Sri Aurobindo esas imágenes se almacenan en una parte sumergida de nuestro ser en la que no existen ni conciencia despierta ni pensamiento coherente. Más recientemente se ha dicho que tales imágenes no están dentro de nosotros, como todo el mundo pensaba, sino archivadas en los campos de recuerdos y pensamientos que nos rodean, y que entre las funciones del cerebro está precisamente la de sintonizar en un momento dado con las imágenes que le interesan.

Pero si deseamos saber cómo esas imágenes modelan y deciden nuestra conducta debemos empezar por establecer un diálogo con nuestro subconsciente de modo que pueda efectuarse lo que Jung llamó "la función trascendente de la psique", es decir la aproximación de lo irracional a lo racional, en busca de la armonía interior mediante la unificación de los opuestos. Ese diálogo tiene todas las posibilidades de encaminarse con éxito puesto que si solicitamos una imagen relacionada con cualquier aspecto de nuestra vida el inconsciente nos va a complacer de inmediato. El siguiente paso consistiría en interpretar la imagen o imágenes que nos entrega el inconsciente. Dina Glouberman, en su libro *Life Choices, Life Changes: The Art of Developing Personal Vision trough imagework* ofrece algunos ejemplos de cómo interpretar las imágenes almacenadas en el subconsciente a fin de utilizarlas en nuestro propio beneficio.

Muchos meditadores confirman que tras algunos meses de practicar la meditación aprendieron a interpretar los mensajes que emite el subconsciente, lo que les permitía empezar a trabajar con esas imágenes para darle sentido a la vida y mejorarla. Muchos de ellos explican que cuando necesitan recuperar energías después de una larga jornada laboral tratan de imaginar que están en contacto con la naturaleza, acostados bocarriba en la arena de una playa, o sobre un césped mullido, o bañándose en el mar, y al poco rato se sienten invadidos por un estado de relajación y descanso como si hubieran despertado de un largo sueño reparador. También utilizan las imágenes para mejorar las relaciones con sus superiores, imaginando que entran en el cuerpo de esa persona para averiguar qué están pensando en torno a un determinado asunto o para inclinarlos a una relación más armoniosa. A menudo no entran sólo en el cuerpo de las personas con las que tienen vínculos de amistad o de trabajo en el plano físico, sino en el de personas ya fallecidas o en el de personajes de ficción que puedan trasmitirles sabiduría o sagacidad. Así si necesitan algún consejo no dudan en entrar en el cuerpo de Albert Einstein o de Sherlock Holmes con la confianza de que recibirán la mejor orientación.

Responda sí o no a estas tres preguntas:

1. ¿Se considera capaz de verse a sí mismo cuando cierra los ojos?
2. ¿Accede fácilmente a un estado de relajación?
3. ¿Tiene confianza en el poder de la mente para recuperar la salud o para lograr el éxito en sus propósitos?

Cualquier meditador responde afirmativamente a esas tres preguntas. Si usted las responde también en esa forma, le será muy fácil poner las imágenes a su servicio en todo lo que se proponga.

Cómo modelar el futuro

Muchas personas se preguntan si realmente existe una forma de utilizar la fuerza energética de nuestro universo interior para alcanzar determinados propósitos. Por supuesto que existe. La Asociación Internacional para la Investigación Psicotrónica se ha dado a la tarea de enseñar los métodos que pueden emplearse para desatar el infinito poder de la energía que habita en nuestro interior y también para beneficiarnos si logramos, siguiendo reglas que no entrañan gran dificultad, establecer una comunicación directa con lo que el doctor Robert B. Stone en muchos de sus libros denomina el Generador Psicotrónico Cósmico, que no es otra cosa que la energía universal.

Coincidiendo en muchos aspectos con el Método Silva de Control Mental, la Psicotrónica aconseja imaginar una pantalla como la de un cinematógrafo en la cual debe visualizarse el acontecimiento que uno desea que se produzca. Finalizada la práctica hay que visualizar el feliz resultado del deseo y disfrutarlo por adelantado.

Prescindiendo o no de la pantalla, una meditación dirigida a modelar el futuro conlleva los siguientes pasos:

Siéntese cómodamente. Relájese.

Visualice el acontecimiento que usted desea ver convertido en realidad.

Visualícelo en todos sus detalles.

Piense en él con la mayor intensidad posible, abrigando la confianza de que usted es el dueño absoluto de su destino y por lo tanto el resultado de su visualización será totalmente satisfactorio.

Piense que ya ese futuro está esperando por usted, tal y como lo ha diseñado.

Cómo combatir el miedo

"Cuando la voluntad y la imaginación entran en conflicto, siempre triunfará la imaginación", dijo Emile Coué, un hipnólogo francés cuyo nombre está presente en cualquier estudio que se realice sobre los poderes de la mente. De esta sentencia se infiere que si usted consume su energía psíquica pensando con ahínco en un hábito nocivo que desea erradicar, puede ocurrir todo lo contrario de lo que desea, que su actitud mental fortalezca el hábito. Exactamente sucede si usted extiende el dedo índice e imagina que no lo puede flexionar: por mucho que lo intente le será prácticamente imposible doblarlo. Siguiendo la ley enunciada por Coué, podemos decir que siempre se concreta en el plano físico aquello que consiguió arraigar firmemente en la imaginación: lo mismo un sentimiento de miedo o de inferioridad que un fervoroso deseo de alcanzar la salud o el bienestar.

Existen muchos sentimientos que conspiran para evitar que alcancemos el control mental indispensable para desempeñarnos exitosamente en la vida, entendiendo el éxito no sólo como el desarrollo armonioso y gratificante del paisaje exterior (de la buena marcha de nuestras finanzas, de la imagen que proyectamos en la sociedad) sino de la diafanidad que expresa nuestro paisaje interior. Entre los sentimientos que ensombrecenlos dos paisajes el más pernicioso de todos es el miedo, el que tiene una carga emocional más altamente destructiva. El miedo a los cambios, a la soledad, a la pérdida de un familiar querido, el miedo en cualesquiera de sus manifestaciones, puede ser,o es sin duda, el origen de casi todas las enfermedades y de todos los fracasos.

La dificultad consiste, siguiendo la ley de Coué, que contra el miedo es imposible luchar. El miedo es una hidra de siete cabezas y resulta inútil cortarle cualquiera de ellas porque muy pronto comenzará a retoñar. El miedo es un gigante que nadie puede decapitar puesto que en la medida en que lo combatimos con mayor tenacidad, más fuerte se hace. ¿Cómo vencerlo entonces? Sin ofrecerle resistencia, sólo tomando conciencia de nuestro valor personal, visualizándonos, dentro de la práctica meditativa, como personas que reaccionamos ante los conflictos con plena confianza en el resultado victorioso de nuestra gestión, es decir visualizándonos como triunfadores en todas aquellas actividades que soliciten nuestro interés. A Napoleón nunca lo ensombreció la duda de no ser un excelente estratega militar. Ni Mozart pensó alguna vez que no era un brillante compositor. Ni Goethe, ni Dostoiewski, ni Flaubert, ni Faulkner abrigaron nunca el temor de que el libro que escribían fuera acogido desfavorablemente por los lectores, y justamente por eso accedieron a la cima de la genialidad.

La posibilidad de vencer el miedo, de desterrar la duda y de alcanzar el éxito está dentro de nosotros mismos, esperando el momento mágico en que nuestra imaginación eche a andar el mecanismo gracias al cual lo inmanifestado se manifiesta, o lo que fue intención se convierte en acto. A ese momento mágico en el que la imaginación derrota al miedo, se accede sin mucha dificultad mediante la práctica de la meditación.

Siéntese cómodamente.

Respire lenta y profundamente. Regrese luego a la respiración natural.

Piense en alguna persona viva o fallecida, o en algún personaje de ficción, que le concede un gran valor personal.

Visualice que "entra" en su cuerpo y asuma sus características: su invencible personalidad.

Parte III:
Meditación budista

*El hombre demuestra en su propia
naturaleza la urgencia hacia un ser
cada vez más pleno.*
—Abraham Maslow

*Dentro de cada uno de nosotros está
el potencial infinito de la verdad.*
—Liliam Rosa Morad

Siddhartha Gautama, quien más tarde sería conocido
como Buda, nació en Lumbini, un pequeño pueblo del
estado de Sakyas, hijo del príncipe Suddhodana y de la
princesa Mayadevi, quien murió poco después, dejando
al niño al cuidado de su hermana Mahapajapati, la segunda mujer de Suddhodana. Refiere la historia que el
padre de Siddhartha, siguiendo la tradición, hizo que
los sacerdotes examinaran al niño y vaticinaran acerca
de su porvenir.

La respuesta no demoró: el niño llevaba las treinta y dos señales del gran hombre. De suerte que se abrían ante él dos posibilidades: si permanecía en el palacio sería un rey justiciero, pero si lo abandonaba, atraído por la vida errante de los monjes, entonces llegaría a ser un Buda, es decir aquel que, gracias a la iluminación, lograría escapar al doloroso ciclo de las reencarnaciones.

Para burlar la profecía y a fin de que su hijo no llegara a conocer en su dramática realidad la parte oscura de la vida, Suddhodana decidió que a Siddhartha debía impedírsele franquear los límites del palacio. Buscando el modo de que Siddhartha aceptara de buen grado el confinamiento, Suddhodana puso a su servicio cuarenta mil danzarinas y le proporcionó ochenta y cuatro mil mujeres. Empeño inútil, porque ni bailarinas ni músicos ni las más bellas mujeres pudieron sustraerlo un sólo instante a la creciente curiosidad que el mundo exterior despertaba en él.

Impulsado por la curiosidad, muchas veces intentó viajar hasta el pueblo más cercano, del que tanto le habían hablado, pero cuando supo que su padre había colocado centinelas en todos los caminos para impedírselo, reflexionó que sólo lograría su propósito si contaba con la anuencia de Suddhodana. Como el permiso invariablemente le era negado, Siddhartha apeló a las grandes reservas de su carácter e insistió tantas veces como encontró la ocasión hasta vencer la resistencia del padre. Aunque al fin dio su consentimiento, Suddhodana accedió sólo después de haber tomado todas las precauciones para que Siddhartha durante su recorrido por el pueblo no se topara con personas que le causaran una impresión dolorosa. Sin embargo, no fue posible impedir que al pasar frente a algunas casas, pudiera observar a un hombre enfermo y a un anciano a punto de morir. Al reflexionar que él estaba sujeto a las mismas leyes biológicas que los otros seres humanos y por consiguiente, también estaba condenado a la enfermedad y la muerte, Siddhartha sufrió una profunda transformación interior que lo condujo más tarde a convertirse en un monje mendicante.

Aunque parezca contener muchos ingredientes míticos, este es el relato histórico sobre los primeros años de la vida de Siddhartha Gautama. Pero la leyenda nos ofrece una versión más poética cuando nos dice que él no tuvo necesidad de abandonar el enclaustramiento que le había impuesto el padre para darse cuenta de los sufrimientos que a cualquier persona aguardaban en el mundo. Una tarde en que paseaba en carruaje por el parque de su propio palacio, los dioses permitieron que a Siddhartha se le apareciera un anciano tembloroso que se apoyaba en un bastón y poco después un hombre aquejado de una cruel enfermedad, posiblemente un leproso, y más tarde un cadáver y finalmente un monje.

No le costó mucho esfuerzo descifrar el mensaje: en el destino de toda persona, y por supuesto también en el suyo, estaban escritas esas tres palabras inevitables: enfermedad, vejez y muerte. Tampoco le fue difícil discernir que para llegar a conocer las causas del sufrimiento y para aniquilarlo, para estar por encima de toda aflicción, la única vía posible era adoptar la vida monacal.

Sin despedirse de nadie, ni siquiera de su esposa, que acababa de darle un hijo, Siddhartha abandonó el palacio y después de una caminata de treinta horas llegó a las márgenes del río Anavama. Allí se cortó los cabellos y aceptó la idea de que en su condición de monje desde ese momento hasta el día de su muerte sólo le estaría permitido poseer ocho objetos: tres prendas de vestir, un cinturón, la olla del mendigo, una navaja de afeitar, una aguja y un tamiz para filtrar el agua.

Los siguientes seis años se los pasó procurando con ardor la realización espiritual. Como primera providencia recibió las enseñanzas de dos maestros yogas: Alara Kalama y Rudraka Ramaputra, quienes según pensaba Siddhartha podían señalarle el camino de la salvación. Pero muy pronto se sintió insatisfecho y abandonó a sus maestros para tratar de encontrar su propio sendero. Sometió entonces su cuerpo a las más duras mortificaciones, a menudo conteniendo la respiración y privándose de todo alimento. Ese camino de férrea austeridad que se impuso lo abandonó también cuando ya prácticamente al borde de la muerte se percató que tales ejercicios de mortificación eran inútiles. Sin perder tiempo, se bañó en las aguas del río, comió un poco de arroz y fue a sentarse debajo de un árbol, decidido a permanecer en ese lugar hasta encontrarse consigo mismo, en la más profunda intimidad de su corazón.

Al fin una noche de luna llena del mes de mayo vio satisfechas sus aspiraciones: esa noche, sentado en un cojín de hierba kusha, en estado de meditación, dejó de ser Siddhartha Gautama para convertirse en el Buda, "el Despierto", "el Iluminado". Cuando el alba lo sorprendió todavía estaban pasando por su mente, como en una proyección cinematográfica, sus innumerables encarnaciones anteriores en distintos tiempos y lugares, y mientras giraba la Rueda de la Vida para que pudiera observarse en todos los momentos de sus sucesivas muertes y nacimientos, alcanzó a saber que el apego y el deseo eran la fuente de todo sufrimiento y que sólo venciéndolos podía el hombre detener el angustioso ciclo de vida y muerte. Ese radiante amanecer sería un privilegio para toda la humanidad puesto que el dharma, la enseñanza, el conocimiento liberador, a partir de ese momento sería accesible a todo el mundo. Si perseveraban podían, como Buda, alcanzar la iluminación.

Siddhartha Gautama: el Iluminado

Las respuestas que no pudo obtener interrogando a los sabios o mortificando el cuerpo, las alcanzó Siddhartha gracias a la meditación. Desde entonces, a lo largo de cuarenta y cinco años, hasta que le llegó la muerte, Buda estuvo predicando su doctrina, que se expresaba en las *cuatro nobles verdades:* el sufrimiento, su causa, su cese y el camino que conduce a su cese. Para Buda el sufrimiento equivale a "nacer, envejecer, caer enfermo, estar unido a lo que no se ama, estar separado de lo que se ama". Para él la vida en sí misma no era dolorosa. Lo era porque el hombre estaba preso en las redes de la ilusión, porque no había logrado liberarse de las falsas ilusiones que lo ataban al deseo. El deseo, enseñó, lleva a la acción y cuando esa acción, como ocurre con frecuencia, no produce los resultados esperados, sobreviene la angustia y por consiguiente un nuevo deseo de actuar para escapar al sufrimiento provocado por la insatisfacción.

En la doctrina de Buda aflora una enseñanza: para escapar a la servidumbre del deseo siempre insatisfecho, la única opción posible está en acceder a una total realización espiritual, realización que, según la propia doctrina, no ha de lograrse por intercesión divina sino mediante una práctica derivada de la condición humana. La iluminación, para el budismo, es una experiencia personal. "Haced de vosotros una lámpara. Apoyaos en vosotros mismos. No dependáis de nadie más", sentenció Buda. Eso no quiere decir que el propósito de un budista sea lograr un estado contemplativo que lo aleje del mundo, desentendiéndose de los problemas y angustias de los demás. Todo lo contrario. El budismo, como ha dicho Su Santidad el Dalai Lama, niega la existencia independiente del yo. Enseña a sentir regocijo por la alegría de los demás. Postula que constantemente estamos intercambiando información no sólo con otras personas sino con las cosas.

Para el budista la noción de interdependencia no puede soslayarse: lo que me afecta a mí, te afecta a ti y al resto de la humanidad, a los animales y a las plantas, también a los objetos que consideramos inanimados. Un pensamiento es como una piedra lanzada al río: las ondas que provoca se expanden hasta el infinito, entrelazándose con otros pensamientos aparentemente ajenos. Nunca estás solo. Ni siquiera cuando meditas en soledad, porque entonces estás meditando a favor de los demás. Estás meditando a favor de los que aún no han aprendido a meditar. Estás contribuyendo a que ellos alcancen también la iluminación.

La meditación budista ofrece dos vertientes: mediante la primera, denominada *meditación samatha*, se persigue la concentración, y gracias a la segunda, llamada *vipassana*, se desarrolla la comprensión. La meditación samatha se practica con un disco de color, que bien puede ser rojo, blanco, amarillo o azul, situado a una distancia de unos diez o quince pies, a un nivel inferior al de los ojos del meditador. Después de mirarlo fijamente durante varios segundos, se cierran los ojos con la atención puesta en el recuerdo del disco, que permanece en la retina un tiempo más hasta que empieza a desvanecerse. Ese proceso de abrir los ojos y mirar el disco fijamente y luego recuperar la imagen, sintiéndola vibrar en nuestro interior con la fuerza de una evocación, se convierte en un ejercicio fascinante que debe repetirse a todo lo largo de la meditación.

Mientras sigue entreabriendo los ojos para observar el disco y cerrándolos para recordarlo, el meditador debe poner su atención en el ritmo respiratorio y repetir una frase o mantra. El disco, la respiración y el sonido repetido, representan sólo una ayuda para conseguir la concentración. Conseguido este paso, ya en un verdadero estado de éxtasis que produce una inenarrable felicidad, el meditador suele percibir interiormente una imagen, que muy bien puede ser una estatua de Buda, o tal vez la imagen de Cristo, o la de una de las varias divinidades del panteón tibetano. A cualquiera de esas imágenes, tras observarlas detenidamente con fervor, hay que permitirle que se desvanezca lentamente.

Uno de los extraordinarios efectos de la meditación samatha es que puede conducir al éxtasis, un estado que para Saddhatissa significaba la pérdida del pensamiento conceptual en favor de la conciencia pura. El otro aspecto de la meditación samatha está relacionado con los milagros. Para los budistas esos milagros, como la levitación, el don de la curación o el de la ubicuidad, no se producen por intervención divina sino como resultado del desarrollo espiritual del hombre.

La práctica de esta meditación puede allegar facultades milagrosas, pero el meditador debe cuidarse de actualizar esos poderes con la finalidad de procurarse notoriedad o admiración. Ya Lao Tze había formulado una advertencia: "Aquellos que alardean de sus poderes, los perderán". Nadie debe excederse en la exhibición de esas facultades ni siquiera con el propósito sano de inculcar la fe en los demás. Aunque curó enfermos y multiplicó los panes y los peces, Jesucristo se negó en muchas ocasiones a realizar actos milagrosos pensando que la fe inducida por milagros no es fe verdadera, y que sus seguidores debían guiarse en el camino de la perfección únicamente por su propia experiencia. Algo similar a lo que predicaba Buda.

Si la meditación samatha tiene como propósito obtener un estado de concentración, la meditación vipassana está vinculada estrechamente con el proceso de iluminación. Debe iniciarse, como en la meditación samatha, poniendo la atención en el ritmo respiratorio, pero a un nivel aún más profundo que permita discernir el desarrollo mismo de la respiración, por ejemplo, la alternancia térmica que se produce cuando inhalamos aire frío y exhalamos aire caliente. A medida que prosigue la meditación, la diferencia entre una variante y otra se hace más ostensible. Si durante la meditación samatha el meditador debía tratar de rehuir las solicitaciones ambientales, es decir los ruidos externos o los olores que pueden llegar desde un jardín próximo, en cambio en la meditación vipassana esos ruidos o esos mismos olores se convierten en motivo de meditación. ¿El ruido, quién o qué lo produce? ¿El olor, de dónde proviene? ¿Dónde está el jardín? ¿Cerca, lejos?

Satori

No es posible intentar en este libro una explicación satisfactoria de los alcances de la meditación vipassana, en la que la atención no se mantiene dirigida unidireccionalmente hacia un punto. Dentro de su visión panorámica, el sujeto que medita pasa a formar parte de esta meditación. Aconsejamos que el meditador sea asistido por un maestro experimentado en la realización de esta práctica, al final de la cual nos encontraremos a los pies del Sendero, que en el Zen se denomina *Satori*, un camino que conduce a otro plano de conciencia donde todo comienza a verse bajo una nueva y sorprendente luz.

Los poderes psíquicos

Si utilizamos la frase "un lugar que no es lugar" para designar una zona de nuestro mundo interior desde donde podemos ejercer una influencia decisiva sobre el estado de nuestra salud posiblemente usted alcance a sonreír proyectando incredulidad. ¿Si ese lugar no existe, cómo es posible que pueda existir?, se preguntará usted, utilizando todos los recursos de la lógica cartesiana. Sin embargo, podemos responder a esa interrogante no en nombre del misticismo sino en el de la física moderna.

Los átomos, como se sabe, están compuestos de partículas subatómicas, pero esas partículas, según la mecánica cuántica, paradójicamente no tienen existencia objetiva: simplemente son "tendencias a existir". Una partícula subatómica es un "quanto", es decir una cantidad de algo, pero ese algo acaso sólo tiene la consistencia de una ilusión: es masa y energía al mismo tiempo.

Lo mismo ocurre cuando meditamos, cuando iniciamos ese fascinante viaje hasta las profundidades de nuestro verdadero ser. Llegamos a un lugar que nadie ha podido localizar pero donde residen todas nuestras posibilidades creadoras, toda la sabiduría adquirida en esta vida y en las existencias anteriores: un lugar donde se almacenan no sólo nuestra memoria personal sino todas las memorias de la especie, unidas en una herencia común. Jung expresó esa idea cuando escribió sobre los patrones de conciencia heredados a lo largo de miles y miles de años de experiencia humana, cuando dijo que nuestra psique está habitada por un Anciano de miles de años de edad, que recuerda y lo sabe todo.

Quienes meditan con el propósito de expandir la conciencia psíquica, deben empezar por lograr una fluida comunicación con ese Anciano de que hablaba Jung. Puesto que simboliza la sabiduría, a ese Anciano le podemos formular todas las preguntas que nos llegan a la mente, en la confianza de que siempre obtendremos una respuesta satisfactoria. Las primeras preguntas pudieran ser: ¿Vale la pena esforzarnos para despertar nuestros poderes psíquicos? ¿Existe realmente una facultad paranormal de conocimiento? Con toda seguridad la respuesta será afirmativa: es la que han obtenido todos los que han interrogado al Anciano en ese sentido.

Los poderes paranormales son facultades naturales en el ser humano, son capacidades que han sido olvidadas o que a menudo sólo usamos de forma inconsciente, sin apenas darnos cuenta que el Anciano que habita en nuestro interior nos ayudó a resolver un problema. Lo ideal es que el hombre pueda actualizar todas sus capacidades latentes, siempre que su utilización responda a las más altas aspiraciones espirituales. Ya lo dijo Arthur Ford: "Para aquellos que ambicionan poderes paranormales por motivos lucrativos o de poder, mi consejo es inequívoco: o desarrollan una motivación más elevada o deben dejarlo enseguida. Las consecuencias de un mal uso deliberado de estas habilidades pueden ser desastrosas".

Edgar Cayce, quien era partidario de que todas las personas despertaran sus poderes psíquicos, subrayó que su utilización sólo era aconsejable cuando esas personas llegaran a ser conscientes de lo que él llamó la "realidad unitaria", es decir cuando adquirieran la convicción de ser uno con Dios, cuando fueran capaces de amar a Dios con todo su corazón.

A todos aquellos que aspiraban a despertar sus poderes psíquicos, Cayce les aconsejaba como primer paso aprender a cooperar. Cooperar, para Cayce, significaba crear un puente de armonía no sólo con los demás, sino también, principalmente, con esa "realidad unitaria" que nos vincula indisolublemente a Dios. En la medida en que avancemos hacia estados superiores de conciencia, permitiendo que operen dentro de nosotros nuevos aspectos de la inteligencia infinita, mayores serán las probabilidades, según Cayce, de experimentar las percepciones extrasensoriales.

Como la meditación es posiblemente la vía más adecuada para vincularnos al infinito, resulta también el método más operativo para potenciar muchos de los poderes psíquicos paranormales. En efecto, no existen dudas de que la meditación despierta y fortalece las percepciones extrasensoriales. Muchos budistas que practican la meditación *samatha* o el zen *gedo* lo han comprobado.

Lo primero que se obtiene meditando es aquietar la mente, una absoluta paz interior y una inefable sensación de reposo. Pero ese reposo no puede escapar a las leyes de la impermanencia y por lo tanto es sólo un modo de prepararse para iniciar una nueva caminata, para acceder al cambio, para adaptarse a las nuevas situaciones. En medio de esa quietud embriagadora, de ese período de tranquilidad, somos más capaces que nunca antes de poner en movimiento nuestras capacidades subyacentes, de las cuales apenas teníamos noticias ciertas. Meditando podemos descubrir de pronto que somos como somos, pero también que podemos ser, y somos, otra persona mucho más brillante de lo que sospechábamos.

Percepciones extrasensoriales

Desde que surgió el primer impulso de inteligencia en el universo, han existido percepciones extrasensoriales: la naturaleza del hombre las produce, si pudiéramos aplicar el verbo producir a algo que fluye espontáneamente, sin el concurso de nuestra voluntad consciente y sin requerir el menor esfuerzo. Retrocediendo en el tiempo hasta tomar contacto con los primeros hombres que poblaron la Tierra, los veríamos pintando en las cuevas de Lascaux y Altamira. En esos dibujos prehistóricos, que se remontan a veinte mil años antes de nuestra era, se reflejan ritos mágicos, inspirados por las percepciones extrasensoriales. La Biblia, los escritos y las experiencias de Paracelso, de Francis Bacon, Cagliostro, Cristian Rosenkreutz y Teresa de Ávila son otros tantos hitos donde afloran referencias directas a los poderes psíquicos paranormales.

A partir de 1882, cuando se fundó en Londres la Society for Psychial Research, comenzó realmente la historia de la Parasicología y por lo tanto el estudio sistemático de estos fenómenos, a los cuales hasta entonces no se les encontraba explicación. En un tratado de metafísica que se publicó en París en 1923, Charles Richet le dio el nombre de *criptestesia* al conocimiento paranormal. Van Rijnberk, de la Universidad de Amsterdam, los denominó fenómenos "receptores", pero Louise Rhine, de la Universidad de Duke, prefirió el término "percepción extrasensorial", que finalmente fue oficializado durante el Primer Coloquio Internacional de Parasicología, celebrado en 1953 en la Universidad de Utrech, Holanda.

La percepción extrasensorial (en inglés extrasensory perception, conocida por las siglas ESP) es un conjunto de fenómenos cognoscitivos mediante los cuales se logra una adquisición de información sin la presencia de los receptores fisiológicos conocidos. La ESP comprende fenómenos tales como la clarividencia, la telepatía, la precognición, la psicoquinesia y la criptomnesia, todos los cuales pueden ser potenciados mediante la práctica meditativa, algo que ya se sabe a partir de los primeros experimentos sobre ese tópico llevados a cabo por Charles Honorton, de la Universidad de Princeton y por Gertrude Schmeider, del City College de Nueva York.

Intuición

Hay un momento en que sin consultar la lógica ni aplicar el menor razonamiento, desde el fondo de nuestra conciencia asciende con increíble celeridad una idea que llega en el momento oportuno para ofrecernos el modo de resolver satisfactoriamente una determinada situación. ¿De dónde brotó esa idea, ese conocimiento? ¿Cómo es posible que una especie de voz interior nos haya entregado la solución de un problema sin percatarnos de cómo ocurrió? ¿Nos proporcionó ese conocimiento el Anciano de Jung? Sin duda existe un paquete de información que es el equivalente de una sabiduría infinita codificado en nuestro ADN desde el momento en que el espermatozoide se unió al óvulo para que pudiéramos nacer. Pero lo más extraordinario es que cada uno de nosotros, en fracciones de segundo, está capacitado para organizar esa información, a fin de usarla para resolver un determinado problema.

El problema también pudo haberse resuelto razonando, pero como si alguien pretendiera evitarnos el esfuerzo, el conocimiento nos llegó por una vía inesperada. Eso es lo que conocemos como intuición. Podríamos encontrar otras muchas definiciones de la intuición. Quizás una muy expresiva es la de Henry Miller cuando refiriéndose a su trabajo literario confesó: "Yo obedezco únicamente a mi instinto y mi intuición. En ocasiones expreso cosas que no comprendo, con el conocimiento seguro de que más tarde su significado se me hará claro y comprensivo. Tengo fe en el hombre que está escribiendo, que soy yo mismo, el escritor".

Edgar Cayce consideraba a la intuición como la expresión más elevada de las ESP y enfatizaba que era preferible desarrollar la intuición en lugar de cualquier otra forma de percepción extrasensorial. Sostenía ese punto de vista no sólo porque la intuición confirma nuestra comunicación fluida con el ser interno sino porque, al mismo tiempo que proporciona información, revela una sorprendente capacidad creadora. En efecto, la intuición no sólo aporta una idea sino el modo de ponerla en práctica, induciéndonos a corregir el rumbo, a descubrir nuevos aspectos de una situación dada y a iniciar un movimiento que propicia una nueva constelación de acontecimientos que serán de indudable beneficio para nosotros.

A esa capacidad creadora debemos apelar siempre. Por eso, para fortalecer la intuición, aconsejamos una meditación titulada

Las respuestas del anciano

Cierre los ojos. Relájese.

Imagine que su corazón está envuelto en una llama azul.

Ponga toda su atención en esa llama.

Sin hacer el menor esfuerzo, consiga que esa llama empiece a crecer con un tenue color azul que va ocupando todas las zonas de su cuerpo: el tórax, el vientre, la cabeza.

Trate de pensar únicamente en esa luz azul que ha invadido todos los órganos de su cuerpo, inundándolos de una increíble placidez.

Esa placidez es salud.

Aunque el objetivo central de esta meditación no es el mantenimiento de la salud, piense que en cualquier ocasión hay que prestarle atención al bienestar corporal. El cuerpo es su templo. Cuídelo.

Ahora imagine que en la lejanía, como si emergiera del color azul, comienza a proyectarse una figura diminuta que avanza lentamente hacia usted.

La figura va creciendo, creciendo, hasta alcanzar la estatura necesaria para que usted lo reconozca: es el Anciano que habita dentro de usted, el símbolo de toda su sabiduría interna.

El Anciano puede ser un hombre corpulento, de larga barba blanca, ojos celestes y mejillas sonrosadas, casi como la imagen de Santa Claus, o un Anciano delgado y flexible como un junco, puede ser la réplica de uno de sus abuelos, o recordarle a otro anciano que acaso usted vio en un parque alguna vez.

Comience por saludarlo y demostrarle que su presencia le resulta grata.

Formúlele las primeras preguntas, las más sencillas, las que sólo requieran como respuesta un sí o un no.

Esas primeras respuestas el Anciano las ofrecerá con un ligero movimiento de cabeza afirmativo o negativo. Con el tiempo y la práctica usted llegará a escuchar su voz.

Puede consultarle sobre cualquier aspecto de su vida, solicitarle orientación y consejo.

El Anciano le ofrecerá la exacta solución del problema que motivó su pregunta.

Agradezca las respuestas y permita que el Anciano regrese poco a poco hasta las profundidades de la luz azul.

La intuición y la Nueva Era

No es necesario ser un gran intuitivo o un clarividente para percatarse de que las graves crisis que actualmente sufre nuestro planeta derivan de un proceso inevitable de reajuste para acceder a la Nueva Era, pero sin duda los poderes psíquicos, y muy especialmente la intuición, serán de gran utilidad para quienes están deseosos de contribuir a la manifestación física de los diseños astrales que han hecho los Maestros cósmicos a fin de crear las condiciones que permitirán al Bodhisattva Maytreya volver a la Tierra.

Se sabe que numerosos Maestros han tomado cuerpo físico en la India, Rusia, América del Norte y Europa Central. También se sabe que los maestros Hilarión y Morya reaparecerán en distintos países con el propósito de facilitar el plan divino proyectado para la era de Acuario. El milenarismo ha significado la creencia en el advenimiento de un período histórico que debe inaugurar, o ya está inaugurando, un milenio de paz y felicidad en la Tierra en la nueva era de Acuario, durante el cual Dios se revelará directamente en el corazón de los hombres. La Nueva Era postula que el hombre regresará a su estado adánico, a su condición original, lo que le permitirá la adquisición de una nueva conciencia que, según Joaquín de Fiore, será "la realización del sueño de todo ser humano: vida feliz, saludable, equilibrada, agradable, abundante".

Esta nueva era está identificada astrológicamente con el tránsito de la constelación de Piscis a la de Acuario. El ciclo de Piscis se caracterizó por el apego a las ideologías políticas y al fanatismo, mientras que el ciclo de Acuario anuncia una relación fluida con la naturaleza y con el propio cuerpo, así como el desarrollo de las potencialidades humanas, la mayoría de las cuales están aún inexploradas. Entre las capacidades humanas que ya alcanzan notable desarrollo en el umbral de la Nueva Era están la utilización del poder de la mente en la curación de las enfermedades, para la solución de problemas en áreas tan específicas, entre otras muchas, como las relaciones amorosas, la creación artística y el desempeño profesional, y también para alcanzar estados superiores de conciencia que permitirán experimentar el amor cósmico y por supuesto, arribar a estados de iluminación espiritual, como a los que se accede mediante la práctica de la meditación.

Son numerosas las personas interesadas en los estudios esotéricos que en estos momentos desean vehementemente entrar en contacto espiritual con alguno de los miembros de la Jerarquía que diseñan el nuevo milenio de paz y felicidad. La intuición, fortalecida mediante la práctica meditacional, les permitirá la manera de propiciar esa comunicación, que no podrá establecerse, por supuesto, a menos que el aspirante demuestre obediencia absoluta a las exigencias de su Maestro.

Quizás el aspirante puede tener una guía que le facilite esa comunicación si le presta el mayor interés al siguiente mensaje ofrecido tal vez por un miembro de la Jerarquía, y que lleva por título:

Las doce nuevas palabras

1. Mi única ley es el amor.
2. Mi única orden es el cumplimiento de vuestra sagrada misión.
3. Mi única palabra de estímulo es la recompensa que os espera.
4. Mi único mandato es no negarme.
5. Mi única sonrisa será para los que me sigan.
6. Mi única alabanza será para los que cumplen.
7. Mi única distinción será para los que alcancen la luz.
8. Mi único hijo será el que diga: "Yo soy Dios en la Tierra".
9. Mi única mano ejecutora será para los malvados.
10. Mi única sed de justicia será para destruir la opresión.
11. Mi única voz de mando será para fustigar a los que dañan.
12. Mi única bendición será para vosotros, y vosotros seréis Mi Luz.

Parte IV:
El reposo del guerrero

Sé amoroso, empieza a percibir
tu voz interior y síguela.

—Sai Baba

El hombre ha perdido su paraíso interior, que equivale al bíblico vergel en el que Dios situó a Adán y Eva en el comienzo de los tiempos. Esa carencia ontológica ha sido la causa de todos sus conflictos: sabe que necesita recuperar algo porque vive en un extrañamiento ajeno a su naturaleza, porque no ha podido aceptar la pérdida, porque sueña constantemente con la recuperación de un espacio agrícola donde las frutas más apetitosas colgaban de los árboles al alcance de su mano. Sueña sin descanso con regresar al punto de partida, donde lo aguardan la felicidad, el gozo interno, la plena realización, pero en el mismo instante de soñarlo cae en la más absoluta decepción como si de pronto hubiera tomado conciencia de su cautiverio, de una condición humana que le niega toda posibilidad de retorno a la tierra de promisión.

La respuesta que le dicta entonces su vanidad, su orgullo herido, es vanagloriarse de todo lo que aparentemente ha conseguido a lo largo de su memoria histórica, de todas las conquistas de la civilización que él ha puesto en marcha. De ahí que el hombre moderno trate constantemente de justificar su conducta, de negar que ha existido una pérdida e incluso de sentirse satisfecho de sus limitaciones porque gracias a ellas ha logrado crear un mundo objetivo que en cierto modo le brinda protección.

Para escapar al acoso de la nostalgia ha creado categorías inviolables que lo introducen cada vez más en un universo dual: luz y sombra, amor y odio, guerra y paz, altruismo y egoísmo. La dualidad lo convierte en guerrero, le agrega la necesidad de tomar partido en uno de los dos bandos. Pero como la batalla no se desarrolla a su alrededor sino en lo más profundo de su ser, la contienda feroz que se establece dentro de él termina desgarrándolo. A la dualidad que le niega la paz interna, le agradece —cree agradecerle— el sentido de la posesión: lo "mío" y lo "tuyo", mi parcela y la del vecino, noción que a veces le ofrece la aventura de luchar a favor de la justicia ofendida, y en no pocas ocasiones le concede el consuelo de pensar que la justicia prevalece en su entorno físico y que cada cual posee lo que ha sabido ganarse en la vida, lo que su inteligencia o su voluntad le ha permitido cosechar.

Se engaña, porque como ha dicho Castaneda, "los otros mundos son tan posesivos como el nuestro". Aunque aparentemente acepte las reglas del juego que le impone el mundo objetivo y le dicta su razón, sabe que en algún momento imprevisto debe dar el salto, dejar atrás el imperio de las dualidades y reconocer que la vida es la trama de un tejido en el que cada hilo y cada espacio vacío convocan a la interdependencia: en efecto, no puede existir la noche sin el día, la vida sin la muerte, el sonido sin el silencio; un salto en el que participan a la vez sus dos hemisferios cerebrales, el izquierdo, que antes razonaba por su cuenta, y el derecho, gracias al cual ascendía en alas de la imaginación: un salto en el que la personalidad no muere, sencillamente se transforma: un salto del hombre no dual, que al fin ha logrado integrar todas sus partes.

Yo no ignoraba que ese salto únicamente se podía dar mediante las técnicas a cuya práctica se había entregado durante siglos el hombre oriental. Tampoco desconocía que la meditación activaba el sistema reparador del organismo y que muchos de mis amigos meditadores exhibían un excelente estado de salud, irradiaban una contagiosa alegría y se desempeñaban exitosamente en sus ocupaciones.

Yo mismo no podía negar que me beneficiaba de esa técnica. Sin embargo, algo me impedía aconsejársela enfáticamente a los demás. "Si el hombre erróneo usa el medio correcto, el medio correcto actúa erróneamente", dice un proverbio chino. Hace ya muchos años, mucho antes de empezar a escribir este libro, me daba a pensar que estas normas de la cultura oriental, con toda la sabiduría que atesoran, quizás no podían injertarse provechosamente en el tronco de la vida occidental. ¿Puede el hombre contemporáneo, el alto ejecutivo de una transnacional, el hombre de negocios, el publicista, el ingeniero agrónomo, nuestro vecino más próximo, ese hombre o esa mujer que entra a una floristería, que conduce un auto a toda velocidad, que se apasiona por el fútbol, que al terminar su jornada laboral se sienta frente al televisor, puede, repito, acceder al estado de samadhi como un oriental, como un yoga, como un lama, cuyos padres y abuelos le enseñaron tal vez desde la primera infancia el arte de meditar? Y sin embargo, al cabo de tantas reflexiones, la respuesta encontrada fue afirmativa. Carl Jung afirmó que así como el cuerpo humano muestra una anatomía general por encima de las diferencias raciales, también la psique posee un sustrato general que trasciende todas las diferencias de cultura y conciencia.

Esa psique inconsciente, común a toda la humanidad, se le reveló también a Max Lüscher cuando realizó un estudio, ya clásico, sobre el análisis de la personalidad mediante los colores. Lüscher subrayó la existencia de un lenguaje sensorial que permite que la percepción de los colores sea igual para todas las personas, sin importar su medio cultural. A todas, el rojo les produce excitación mientras que el azul les proporciona tranquilidad. Está demostrado que si una persona, cualquiera que sea su raza o nacionalidad, contempla durante largo rato el color azul la respiración se le hace más lenta y le desciende la presión sanguínea.

Entonces, ¿por qué dudar que los occidentales podemos apropiarnos de las herramientas utilizadas por los orientales para conquistar la armonía interior y preservar la salud mediante las técnicas de relajación y la meditación? Felizmente esa duda parece ya estar desterrada. Ahora sólo cabe asumir con disciplina y alegría esas prácticas que han demostrado su eficacia desde siempre, desde que el primer hombre conjeturó que los opuestos siempre se equilibran y por consiguiente calculó que el eterno contencioso entre el sueño y la vigilia, daría nacimiento a un nuevo estado de conciencia: la meditación, esa práctica que nos sirve para reponer, como cuando dormimos, las energías perdidas durante las agotadoras jornadas del día, pero sin perder el dominio de la consciencia, manteniéndonos alerta como en la vigilia.

Si alguien acepta un maestro o gurú para que lo enseñe a meditar, enseguida éste le dirá que debe imponerse la disciplina de meditar diariamente a una hora fija. Es cierto que resulta aconsejable realizar tres meditaciones al día: temprano en la mañana, al mediodía y por la noche, pero a quien le sea imposible cumplir con tales requisitos, debe al menos esforzarse por realizar la meditación matutina, que es la más fructífera de todas y que idealmente debe hacerse entre las tres y las cuatro de la madrugada, espacio de tiempo que los hindúes llaman *Brahma Muhurta*, la hora de Dios.

De todos modos, ya sea que se medite por la mañana o por la noche, lo importante es reservar una hora fija para hacerlo. "Dios y tú deben acordar una hora específica para su reunión diaria", ha dicho Sri Chinmoy tratando de enfatizar la importancia de la disciplina en esta práctica. Para facilitarle la tarea al hombre moderno, el yoga Maharishi Mahesh recalcó que con dos sesiones diarias, de quince o veinte minutos cada una, es posible cosechar los beneficios que proporciona la meditación. El Maharishi Mahesh incluso ha formulado la opinión de que las personas entregadas a ocupaciones muy absorbentes pueden practicar la meditación en cualquier lugar en que se encuentren y deseen hacerlo, lo mismo en un autobús, en un tren o en una sala de espera.

Lo perfecto sería hacerlo en una habitación de nuestro hogar donde nadie nos moleste ni reclame nuestra atención. Y sobre todo, hacerlo sentado en un cojín, con las piernas dobladas, de modo que las caderas permanezcan a una altura mayor que la ocupada por las rodillas, que deben apoyarse en el suelo. Pero si al meditador tampoco le es posible adaptarse a esa postura, puede hacerlo sentado cómodamente en una silla.

Bien, tratemos de empezar.

Mantenga la espalda lo más recta posible.

Entrecierre los ojos, fijando la vista en un lugar situado ligeramente por encima de la punta de la nariz.

Comience a respirar lenta y profundamente.

Inhale. Exhale.

Trate de hacer una pausa cada vez más prolongada después de cada exhalación.

Si lo logra, apreciará que el ritmo de su respiración se hace más lento. Los yoguis opinan que prolongando lo más posible esas pausas, puede favorecerse la longevidad y sin duda mejorar notablemente su salud.

Lógicamente el aire inhalado no puede llegar más allá de los pulmones. Pero usted ya sabe que el aire es bipolar, que existen dos fluidos: el oxígeno y el prana, es decir la energía universal. Esa energía usted sí puede hacerla llegar hasta donde lo desee.

Visualizando esa energía, usted puede lograr que recorra todo su organismo. Condúzcala hasta el estómago, hasta el páncreas, hasta los intestinos.

Después de haber estado atento a su ritmo respiratorio y de realizar la apropiación de la luz, seguramente se sentirá totalmente relajado.

Ese es el momento oportuno para iniciar el enfoque repetitivo de una palabra, sonido u oración. Cada vez que realiza una inspiración debe repetir tantas veces como pueda la palabra adoptada, que puede ser "amor" o "salud" o "paz", según la intención que lo mueva a meditar. También puede repetir la palabra "uno", tal como aconsejaba Edgar Cayce, a fin de aumentar el sentimiento de empatía con los demás, el deseo de "ser uno con" otra persona, de ser uno con el Todo.

También se puede meditar escuchando el OM, el verbo eterno, el sonido primordial, un sonido que, como enseña el Upanishad, es "semejante al zumbido de una campana sonando lejos", y que según los propios textos védicos puede conducirnos a la contemplación del Absoluto: en ella es preciso meditar, en la sílaba OM, en la que hay que reconocer al Señor mismo.

La disolución de la actividad mental que nos conecta con el exterior es tarea que exige un largo aprendizaje. Aunque la meditación es una función natural en el hombre, una facultad que inexplicablemente se ha negado a seguir actualizando, el mayor obstáculo que realmente se necesita vencer es el de conseguir que cese la actividad mental, a fin de mantener la atención fija en una sola dirección, estado que Patanjali denominaba dharana y que puede traducirse como "concentración mental". Cuando se alcanza dharana, que equivale a impedir el acoso de las percepciones sensoriales inoportunas, el pensamiento, contra lo que se puede sospechar, continúa existiendo. "Así como las posturas no suprimen la vida corporal, escribió Jean Varenne, la atención no implica la disolución de la actividad mental". Por el contrario, durante el dharana el cerebro, que ya no es esclavo del mundo exterior, alcanza su mayor esplendor: se piensa con mayor sutileza y las intuiciones afluyen con asombrosa facilidad.

Igual que el camino que conduce al dharana o concentración mental está sembrado de dificultades, tampoco es tarea fácil buscar una imagen mental que sirva de sostén a la meditación. Los budistas suelen

meditar sobre divinidades; por ejemplo, sobre cualquiera de los cinco
Sanadores Supremos: Amoghasiddhi, Amitaba, Vairochana, Akshobya
y Ratnasambvava. Cuando meditan sobre una divinidad no la visuali-
zan de inmediato con todos sus detalles sino gradualmente: primero,
quizás, el cojín en que la divinidad está sentada, luego sus pies, la ves-
tidura que lleva, hasta reconstruirla poco a poco en su totalidad.

El mismo proceso se lleva a cabo cuando se medita sobre un mandala, cuya traducción es *"círculo"*, tal vez la representación geométrica
que con mayor facilidad nos lleva a la disolución de la "actividad mental inoportuna". Según el budismo Vajrayana el mandala constituye
una representación gráfica de la esfera pura en la que habita un buda y
subraya la noción de que el mundo que nos rodea y nuestra mente for-
man parte de una misma experiencia continua. Al meditar sobre un
mandala se realiza la misma operación: los elementos que lo integran
deben ser elaborados mentalmente poco a poco hasta que, como en un
rompecabezas, se consigue reunir todas sus partes.

Los mandalas son figuras simétricas que suelen tomar la forma de un
círculo, un cuadrado, un triángulo, etcétera. Esos símbolos, que entra-
ron con un significado iniciático en la práctica de todas las religiones
desde los tiempos más lejanos, constituyen una confirmación más de la
validez de la teoría del "inconsciente colectivo" de Jung: en comunidades distintas aparecieron los mismos mandalas. Esa aparición simul-
tánea de mandalas iguales en culturas y comunidades diferentes cobra
hoy un creciente interés arqueológico y antropológico. Los rasgos comunes, por ejemplo, entre las culturas mayas y egipcias representan un
enigma que seguirá espoleando permanentemente nuestra curiosidad.
Lo mismo ocurre con los símbolos cruciformes que afloran en culturas
tan disímiles como la tibetana y la mexicana.

Hay un momento en que el meditador se percata de que la finalidad última de su práctica está tan fácilmente a su disposición como
abrir una puerta de cuya llave se dispone. Ha logrado posesionarse del
ritmo de la respiración, ha conseguido el cese de la "actividad mental
inoportuna", ha dejado atrás las percepciones sensoriales que lo ataban al mundo exterior, ha alcanzado al fin el dharana, la concentración
mental indispensable para fijar la atención hacia un solo punto.

Por lo tanto, únicamente le resta descender y descender, hasta tocar el fondo mismo de su desconocido ser. Entonces el meditador, como si perdiera sin perderlo el dominio de sí mismo, experimenta una agradable sensación de búsqueda de sus raíces, de su paraíso interior, hasta que siente que se "suelta" o "trasciende", abandonando todo contacto con su cuerpo y "va" más allá de sus percepciones sensoriales, mucho más allá de sus apetencias personales, de los sentimientos de lucha y temor, de ira o de miedo que pueblan sus vigilias y sus sueños, penetrando cada vez más en el silencio y en la luz, en el recinto donde todas las perturbaciones mentales empiezan a debilitarse y desaparecer, penetrando cada vez más en el sitio donde comienza a disminuir el odio porque aumenta el amor, o donde disminuye la ira porque aumenta la compasión.

Mandala

Cuando se accede a ese estado de verdadero éxtasis significa que entramos en campos de energía que no pueden ser percibidos por la razón ordinaria: en un lugar que no es lugar, donde el pensamiento se transforma en conciencia pura. Otro mundo diferente que excluye el miedo, las preocupaciones y la infelicidad. Una zona donde podemos ejercer una influencia decisiva sobre la inteligencia celular y mantener en buen estado nuestra salud.

Cómo dominar el estrés

No es exagerado afirmar que cualquier enfermedad puede ser evitada si somos capaces de mantener la armonía interior, apoyando la tarea silenciosa, paciente e inalterable de la inteligencia celular. En lo más profundo de nuestro ser reside la capacidad que pudiéramos calificar casi de milagrosa de restablecer la salud. Uno de los factores que más conspira contra la armonía interior es el estrés y por lo mismo es también la causa de numerosas enfermedades.

Con toda seguridad ya nadie ignora qué cosa es el estrés, porque la agitada vida moderna lo está produciendo constantemente y porque, sobre todo en los últimos años, abundan las conversaciones y comentarios sobre el tema. Es bastante frecuente escuchar algún amigo o conocido que de pronto nos diga: "estoy estresado". El estrés lo puede provocar cualquier preocupación, cualquier temor, cualquier sentimiento de angustia. El estrés puede aparecer cuando deseamos algo y no lo conseguimos, cuando un auto amenaza impactar contra el nuestro, cuando se produce un ruido intenso a nuestro lado, cuando pensamos que por alguna razón desconocida vamos a perder el empleo.

El estrés amenaza todos los días y a todas horas. Esa realidad todo el mundo la está sufriendo. Unos en mayor medida que otros, pero todo parece indicar que muy pocos logran escapar a los estragos que el estrés ocasiona en nuestro mundo interior. Lo estamos sufriendo, pero acaso muy pocos alcanzan a tener una noción cierta de los peligros que el estrés encierra. Muy pocos están alertas, lo suficientemente alertas para vencer ese peligro quizás irreparable que nos acecha.

Cuando estamos sometidos a uno o varios factores de tensión las glándulas suprarrenales segregan las llamadas hormonas de estrés, entre ellas la adrenalina y el cortisol, que transforman el metabolismo anabólico normal (generador de energías) en catabólico, que consume todas las energías y que generalmente ocasiona la aparición de la hipertensión, la diabetes y la osteoporosis así como el debilitamiento del sistema inmunológico. Frente a estos y otros procesos destructivos provocados por el estrés, la ciencia médica ya está aceptando la noción de que el hombre vive en dos estados de conciencia —el sueño y la vigilia— y que sólo puede liberarse de los factores de tensión si es capaz de acceder a un tercer estado —la meditación— gracias al cual no sólo podrá alcanzar un avanzado grado de relajación muscular sino también el dominio de sus funciones fisiológicas.

A partir del año 1950 empezó a abrirse paso una nueva teoría estrechamente relacionada con el estrés: la teoría de que los radicales libres, esos átomos de oxígeno que juegan un importante y benéfico papel en el sistema inmunológico, eran al mismo tiempo los culpables del daño que al organismo humano ocasiona el colesterol al unirse a éste, oxidándolo. Es cierto que la Naturaleza, siempre procurando el equilibrio, genera en condiciones normales la misma cantidad de radicales libres y de enzimas antioxidantes, pero cuando tal equilibrio se rompe, en la mayoría de los casos ya es prácticamente inútil acudir a la farmacopea en busca de otros antioxidantes como las vitaminas C y E, de modo que resulta casi imposible contrarrestar la labor destructiva de los radicales libres a menos que logremos restablecer un equilibrio fisiológico en el cual la salud caiga de nuevo en el dominio de la inteligencia celular. Esa posibilidad de que la mente tome el mando de las funciones involuntarias sólo es posible alcanzarla mediante técnicas como las que nos proporcionan el Hatha Yoga, la meditación o el libre fluir de la energía en el organismo a través del Tao.

El concepto del estrés, desde que empezó a ser formulado en 1930, ha variado con el tiempo. Hoy se sabe que no todas las personas reaccionan frente a las tensiones de la misma forma, pero que aun también las situaciones aparentemente más inocuas pueden provocar que los músculos de nuestro cuerpo se tensen y que se altere nuestro ritmo respiratorio, señales evidentes de que el estrés está haciendo su aparición. La reacción que se produce en cada persona enfrentada a las tensiones de la vida moderna, determina cambios en la química del cerebro. Esas substancias químicas, segregadas de un modo incontrolable, pueden ser el origen de afecciones cardiovasculares, de la depresión e incluso de enfermedades tan graves como el cáncer. Pero felizmente esas sustancias no deben tener necesariamente un efecto nocivo sobre el organismo. La química del cerebro también puede ponerse al servicio de la salud si aprendemos el arte de albergar en la mente únicamente pensamientos positivos. En la misma forma que los sentimientos de tristeza o de ira debilitan la resistencia del cuerpo a las enfermedades, experimentar amor, alegría, generosidad y compasión producen profundos cambios fisiológicos que se traducen enseguida en bienestar corporal.

Sería oportuno que usted se formulara las siguientes preguntas:

SI /NO

1. ¿Sufre dolores de cabeza? ———
2. ¿Tiene dificultades respiratorias? ———
3. ¿Sufre palpitaciones? ———
4. ¿Padece ataques de pánico? ———
5. ¿Le tiemblan las manos? ———
6. ¿Siente sus músculos tensos? ———
7. ¿Se fatiga en exceso? ———

Si responde afirmativamente a la mayoría de estas preguntas, debe iniciar la práctica de algunos ejercicios de relajación y por supuesto aprender a meditar. Sin ninguna duda estos son los síntomas de un estado de ansiedad. Confirman, además, que usted está "estresado".

El arte de la relajación que está en el centro de la enseñanza del Hatha Yoga, actualmente lo utilizan los científicos occidentales para la curación de numerosas enfermedades, entre ellas las neurosis funcionales, el asma, las úlceras, las colitis, los trastornos del sueño y la hipertensión. El método más empleado parece ser el conocido como técnica de Jacobson o "relajación progresiva", que se inicia logrando que el paciente contraiga los músculos antes de dirigir su atención al proceso de relajación. Esa técnica de contracción y relajación guarda una estrecha similitud con el ejercicio que vamos a indicar a continuación.

Aprender a relajarse

El primer paso para dominar el estrés es aprender a relajarse. La relajación no es la última respuesta a los conflictos, pero es un buen comienzo. La relajación es una técnica que debe ser asumida con disciplina. Es lo opuesto de la tensión y es el arma eficaz para combatirla.

Quien desee aprender a relajarse, debe aceptar los mismos requisitos adoptados por el meditador: elegir una habitación donde pueda efectuar sus ejercicios en el mayor silencio. Debe disponer de quince a treinta minutos diarios para entregarse a esta práctica.

Siéntese bocarriba en una silla o en la cama.

Respire lenta y profundamente. Luego regrese a la respiración natural.

Cierre los ojos o, si lo prefiere, observe fijamente un objeto distante.

Comience el ejercicio con la pierna derecha. Tense los dedos de los pies y los músculos de la pantorrilla, después reléjelos de pronto.

Ahora realice la misma operación con la pierna izquierda.

Concentre su atención en la región pélvica. Piense que esa zona de su cuerpo se relaja en la misma forma que antes lo lograron sus piernas y sus pies.

Trate de que esa cálida y agradable sensación de relajación ascienda hasta su vientre. Piense que todos los músculos de su vientre están flojos, sueltos, relajados.

Ahora tense los músculos de sus hombros y de inmediato reléjelos. Disfrute de la agradable sensación que se apodera de esa zona.

Concéntrese en el cuello. Ténselo. Relájelo de pronto.

Esa agradable sensación de relajación experimentada por el cuello debe ascender ahora hasta la cabeza. Tense los músculos de la cara y relájelos de repente.

Antes de concluir con el ejercicio respire lenta y profundamente. Regrese a la respiración normal.

Y ahora, comience a meditar

Si ya aprendió a relajarse, es el momento de iniciar la práctica de la meditación para dominar el estrés.

He aquí tres meditaciones que podemos recomendar de un modo muy especial.

Regreso a la matriz

Siéntese cómodamente. Relájese.

Cierre los ojos.

Comience a regresar en el tiempo. Recuerde, por ejemplo, cómo era usted hace un año. Recuerde después cómo era tres o cinco años atrás. Siga retrocediendo en el tiempo porque el propósito es que usted empiece a vivir retrospectivamente hasta acceder al recuerdo exacto, o lo más exacto posible, de cómo era usted en la niñez. Si no logra recordarlo, imagínelo.

Imagínese ahora en el seno materno. Visualícese así, pequeño, en posición fetal. Siéntase tan feliz como entonces lo fue, tan libre de preocupaciones.

Ahora, nada es más importante que ese bienestar, que esa cálida sensación de paz que lo envuelve.

Disfrute de esa paz y de ese bienestar todo el tiempo que le sea posible.

Sol y mar

Cierre los ojos. Relájese.

Trate de recordar una playa. Sus pies descalzos atraviesan la arena. Finalmente llegue a la orilla del mar.

Ahora las olas cubren sus pies. Avance un poco más, penetrando en el mar, porque se ha dado cuenta de que la agradable caricia del agua, que ahora llega hasta sus pantorrillas, tiene la virtud mágica de extraer de su cuerpo cualquier energía negativa.

Hay un cielo diáfano y los rayos del sol descienden cálidamente sobre usted.

Sienta el calor del sol. Experimente la sensación de que el sol, al penetrar por el centro de su cabeza, lo llena de energía positiva.

Experimente las dos sensaciones a la vez: la de la energía positiva que penetra por el centro de su cabeza, proveyéndolo de vitalidad, y la de la energía negativa, de cualquier dolencia o preocupación, que sale por sus pies y se la lleva el mar.

Un lugar especial

Visualícese en un lugar donde usted se sintió muy feliz alguna vez, donde tuvo la noción exacta de la paz interior. Puede ser un bosque, una playa o una habitación de su casa.

Piense que en ese lugar no lo alcanzará ninguna preocupación. Ahora, para usted, no hay nada más importante que disfrutar de la paz que ese lugar le proporciona.

Quizás, de repente, a usted le llegue la idea de que está perdiendo la batalla porque, sin que lo esperara ni se lo propusiera, a su pantalla mental ha acudido el recuerdo de una preocupación, de algo que tal vez usted piensa que debió haber hecho de un modo diferente a como lo hizo.

No haga ningún esfuerzo por rechazar esa preocupación. Acéptela. Agradézcale incluso haber hecho su aparición porque, ahora, usted está en posesión de un método eficaz para impedir que en el futuro esa preocupación reaparezca. Causando malestar.

Transforme mentalmente esa preocupación, por ejemplo, en un cigarrillo. Hágase de un fósforo. Enciéndalo. Observe su llama. Aplique la llama a la punta del cigarrillo. Véalo arder. Vea cómo sigue ardiendo, cómo se quema, cómo se consume a medida que el humo asciende hasta perderse en la lejanía.

Cuando el cigarrillo desparezca por completo, cuando no quede de él ni la ceniza, la paz habrá vuelto a usted. Disfrútela. Recuerde que la paz interior equivale a salud.

Parte V:
Salud y longevidad

*La finalidad del cuidado sanitario es la vitalidad universal:
la prevención del envejecimiento, la liberación de la mente
de la negatividad y el logro de la iluminación espiritual.*

—Ryokyu Endo

*El cuerpo y el sistema energético se encaminan
naturalmente hacia la salud.*

—Bárbara Ann Brennan

Tanto se ha escrito y hablado en los últimos años sobre la longevidad y el envejecimiento que no sólo los científicos sino un infinito número de personas saben cómo envejecemos: se produce una pérdida de tejido muscular y esquelético, aumentan los niveles de colesterol y de presión sanguínea con el consiguiente riesgo de las enfermedades cardiovasculares, las arterias se endurecen, aparecen las arrugas debido a las alteraciones del colágeno, el sistema inmunológico se debilita, y se disminuye la capacidad de regeneración del organismo y se produce una acumulación de mutaciones celulares que originan los tumores malignos de los que son víctimas una de cada tres personas al arribar a los setenta años.

Si ya conseguimos saber cómo envejecemos, en cambio aún nadie ha podido responder con exactitud a la interrogante de por qué envejecemos. Hasta este momento la ciencia no ha aportado una razón válida para aceptar la inevitabilidad del envejecimiento. Por supuesto que se han realizado experimentos de laboratorio que aparentemente explican el hecho: las células normales de un feto, cultivadas en condiciones óptimas, se subdividen en cincuenta veces antes de morir, mientras que la de los ancianos, al parecer ya próximos al "límite Hayflick", se subdividen sólo entre dos y diez veces. Tales experimentos pueden llevarnos a pensar que efectivamente las células experimentan cambios con la edad y por consiguiente el envejecimiento y la muerte están diseñados en cada uno de nosotros desde el mismo momento del nacimiento.

Sin embargo, otros numerosos experimentos de laboratorio comprobaron que algunas células anormales, entre ellas las de personas aquejadas de cáncer, también cultivadas en condiciones óptimas, continúan subdividiéndose indefinidamente. He ahí un misterio que la ciencia no ha logrado descifrar: la razón por la cual las células normales pierden su capacidad de proliferación. Ni siquiera se puede aceptar a ciegas la teoría tan en boga de que los radicales libres son los grandes culpables del envejecimiento humano puesto que el organismo, tratando de mantener el equilibrio, genera al mismo tiempo enzimas antioxidantes que contrarrestan la perniciosa labor de los radicales libres. De modo que, mientras la ingeniería genética sigue trabajando para crear células inmortales, lo más viable para no envejecer sería encontrar el modo de garantizar permanentemente ese equilibrio programado por la inteligencia celular.

La función de asegurar ese equilibrio o armonía interior corresponde únicamente a la mente humana. Uno de los grandes pensadores que ha dado la India, Sankara, señaló que la gente muere sólo porque antes ha visto que otros envejecen y mueren. Generación tras generación hemos estado condicionados a la idea de que tal vez a los cincuenta años o antes pudiera llegar el momento en que comience nuestra declinación y por consiguiente, ya no nos quedará otro recurso que aprender a envejecer:

es decir, a aceptar con resignación que cada día nuestra salud será más precaria, y estará más cercano el instante en que dejaremos de existir. Pero en realidad envejecemos, o envejecemos antes de tiempo, sólo porque estamos dominados por ese esquema mental.

Si fuéramos capaces de adoptar una nueva visión, si aceptáramos la noción de que en última instancia somos energía y no materia sólida, si nuestra mente fuese capaz de enviar a cada órgano de nuestro cuerpo una información de vitalidad, si pudiéramos vivir por encima de toda aflicción como postulaba Buda, si evitáramos los daños que nos ocasionan las presiones de la vida moderna, si nos fuera posible ahuyentar el estrés —y claro que podemos, gracias entre otras técnicas, a la meditación— si pudiéramos aferrarnos a la creencia de que los hombres somos las únicas criaturas que podemos cambiar nuestra biología a través de lo que pensamos y sentimos, lograríamos el milagro de preservar la juventud posiblemente más allá de los cien años.

Muchos estudios se han realizado en apoyo a la idea de que la gente programa su propio envejecimiento. En su libro *Exploring the Human Aura: A New Way of Viewing and Investigating Psychic Phenomena*, Nichola M. Regush, luego de consignar que el proceso metabólico se hace más lento en una progresión firme desde el nacimiento hasta la vejez, expone el criterio de que el problema puede consistir en que veamos como inevitable ese proceso. Para fundamentar tal opinión, Regush menciona el ejemplo de las personas que pueden caminar sobre el fuego sin quemarse, una habilidad que se ha logrado gracias a un ritual trasmitido a través de generaciones en Argelia, India, Ceilán, Fidji, Japón o Malasia. Este comportamiento que desafía la lógica lo mantienen esas personas no sólo porque piensan que están protegidos por una fuerza divina sino porque responden a patrones culturales que les permiten adquirir un absoluto control de su cuerpo y de su mente.

En su libro *Beyond Telepathy*, Andrija Puharich expone que las membranas mucosas del cuerpo están cubiertas de humedad y esta "secreción es regulada principalmente por el sistema colinérgico". Y ya se sabe que la colinergia puede definirse como un estado de relajación y bienestar caracterizado por la activación del sistema nervioso parasimpático. De modo que si el control mental permite la realización de un imposible, ¿por qué nuevos patrones mentales no van a poder vencer lo que hasta ahora también nos parece imposible: impedir el deterioro ocasionado por el paso de los años?

Según las curvas biológicas de Buffon, el hombre, como sucede en todos los mamíferos, debía vivir seis veces el tiempo que tarda en crecer. Así que su existencia debía prolongarse cuando menos hasta los cien o ciento veinte años. Si no ocurre de ese modo, debe existir alguna razón que lo explique, tal vez la apuntada por Sankara: porque consideramos que es imposible arribar a la condición de centenario.

En el *Ayurveda*, la milenaria ciencia médica de los hindúes y los tibetanos, se da como un hecho la posibilidad de revertir el proceso de envejecimiento mediante los "cinco ritos" o cinco ejercicios de respiración, ninguno de los cuales es más difícil de practicar que los correspondientes al Yoga. En su obra *Secretos antiguos de la fuente de la juventud*, Peter Kelder refiere que muchos ancianos practicantes de esos ritos, que él conoció, lograron recuperar su aspecto juvenil. La explicación posiblemente es sencilla: con esos cinco ejercicios el practicante logra equilibrar, almacenar y regenerar en su organismo esa fuerza vital que los hindúes llaman prana y los tibetanos lung. El lung, no se cansa de proclamarlo el Ayurveda, es lo que mantiene al cuerpo sano y juvenil.

Esos "cinco ritos" se inscriben desde épocas muy lejanas en lo que hoy llamamos medicina preventiva, que el vulgo ha sintetizado en seis palabras: prevenir antes de tener que lamentar. Pero para prevenir una enfermedad no se acude a la farmacopea. Existen otras vías, que van desde la acupuntura y la homeopatía hasta la cronobiología, desde el shiatsu, la iridología y la oración hasta los planes diéteticos, desde la meditación hasta los ejercicios aeróbicos. La prevención de las enfermedades, su localización antes de que comiencen a producir estragos en el organismo, puede lograrse sin duda por medios esotéricos.

En la astrología tibetana, por ejemplo, se le concede una gran importancia a los *newas* o "marcas de nacimiento", que sirven para detectar las predisposiciones físicas, psicológicas y espirituales de una persona. Cada año se encuentra gobernado por un newa y el newa correspondiente al año en el que una persona nace, ejerce una poderosa influencia sobre todos los aspectos de su vida, incluido el estado de su salud.

Ese punto de vista ha conducido a pensar que la astrología médica puede ser un instrumento eficaz para descubrir nuestras predisposiciones patológicas, de modo que podamos tomar a tiempo las medidas necesarias para mantener un buen nivel de salud. Una carta natal, por consiguiente, está llena de señales reveladoras, cada una de las cuales indica la ruta y acaso el momento exacto que puede tomar una enfermedad para sorprendernos en medio del camino de la vida si no somos lo suficientemente precavidos para poner el oído atento al mensaje de los astros.

De un modo muy esquemático señalaremos que existe una relación estrecha entre los signos zodiacales y las distintas partes del cuerpo: el signo de Aries rige la cabeza, Tauro la garganta, Géminis los brazos y los pulmones, Cáncer la glándula del timo y el sistema digestivo, Leo el corazón, Virgo el aparato gastrointestinal, Libra los riñones, Escorpión los órganos reproductores, Sagitario las grandes arterias femorales, Capricornio las rodillas, Acuario las pantorrillas y Piscis los pies.

Sin la pretensión de hacer un diagnóstico médico y sólo para poner sobreaviso al paciente, el astrólogo puede profundizar en el examen y revelar con asombrosa precisión cualquier predisposición patológica, por ejemplo, que una conjunción de Júpiter y Saturno puede anunciar trastornos del sistema digestivo, o que seremos más propensos a contraer diabetes si nuestra carta natal señala una conjunción de Júpiter con Urano, una combinación que, por cierto, dota de generosidad a los nativos, así como los inclina a los estudios ocultistas.

Quien subestime las previsiones de la astrología médica, debe al menos aceptar algo que ya está comprobado: los pensamientos y emociones alteran la bioquímica del tejido celular. Cuando nos agobia un sentimiento de dolor o cuando sentimos miedo, se produce una secreción hormonal que trasmite mensajes a las distintas partes del organismo. Lo mismo ocurre cuando sentimos amor, alegría o compasión de los demás, sólo que cuando los sentimientos son de felicidad contribuyen a la salud corporal, en tanto que los sentimientos de odio o de ira desencadenan los neurotrasmisores en sentido inverso: es decir, provocando cambios fisiológicos que de inmediato inciden negativamente en la presión arterial y en el sistema inmunológico y con posterioridad generan estados patológicos.

Nuestro cuerpo es el resultado de todo lo que pensamos y sentimos. No de los hechos en sí, de un accidente automovilístico, de la cárcel, de la muerte de un familiar querido, sino de la interpretación que hacemos de esos eventos cuando inciden en nuestras vidas. Contra lo que se suponía, el cerebro humano no registra las imágenes de la realidad como lo haría un espejo, sólo examina e interpreta esa realidad. El mantenimiento de un determinado nivel de salud está condicionado por las interpretaciones que hemos aprendido a formular desde la niñez, que alguien nos inculcó cuando nacimos, o tal vez mucho antes, cuando el espermatozoide fecundó el óvulo unicelular y nuestra madre empezó a trasmitir información hacia cada molécula de nuestro código genético. El miedo a un animal tan indefenso como una rana, por ejemplo, pudo habérmelo trasmitido subterráneamente mi madre, sin que ella se percatara de ese proceso de transferencia. El temor que inspiran los truenos y los rayos pudo insuflarlo en mi subconsciente una tía que, situada junto a mi cuna cuando yo tenía sólo dos meses de nacido, se persignaba constantemente creyendo ahuyentar así los peligros de una tormenta eléctrica.

Todo ese caudal de interpretaciones, gravitando sobre el cuerpo físico, habla el lenguaje de la salud o la enfermedad. La mente, bien dirigida, puede convertirse en el instrumento adecuado para preservar la salud. Gracias a ella podemos ejercer influencia sobre el ritmo cardíaco, sobre la temperatura corporal y sobre los umbrales de dolor y placer. Pero la mayoría de las personas ignora cómo poner en marcha el mecanismo mental gracias al cual decidimos aspectos esenciales de nuestras vidas.

Enfermar, envejecer, disfrutar de buena salud, todas esas posibilidades están bajo el dominio del cuerpo mental. Pero el cuerpo mental no puede ejercer, como muchos suponen, un férreo dominio sobre el cuerpo emocional. "Cuando la voluntad y la imaginación entran en conflicto, siempre triunfa la imaginación", dijo el hipnólogo y químico francés Emile Coué. De esa sentencia se infiere que si alguien consume su energía psíquica pensando con ahínco en un sentimiento que desea erradicar, suele ocurrir lo contrario de lo deseado, que la actitud mental fortalezca ese sentimiento. Los sentimientos y emociones son energías, y gracias a la física sabemos que la energía no se destruye, sólo se transforma.

Podemos trasmutar un sentimiento de odio en amor o de ira en compasión. Si estamos convencidos de que las interpretaciones de los hechos nos afectan más que los hechos mismos, podemos trasmutar una emoción de angustia en otra de signo contrario. Podemos iniciar ese fascinante proceso alquímico ahora mismo. En cuanto lo deseemos. No importa que hayamos luchado infructuosamente durante meses y años contra un sentimiento de odio. Si perdemos la batalla ha sido porque escogimos la vía inadecuada para derrotarlo.

Alquimia mental

Gracias a la meditación el cuerpo emocional puede comenzar a desprenderse de los sentimientos de culpabilidad, de miedo o de odio, igual que un árbol se desprende en el otoño y en el invierno de las hojas secas, no como una señal de muerte, de disolución permanente, sino de transformación: como una promesa del verdor que regresará a sus ramas. Es necesario que nos desprendamos de las emociones negativas igual que el árbol de las hojas secas, porque las emociones son procesadas en el área del estómago, en el chakra manipura o del plexo solar, donde desencadenan múltiples reacciones que afectan decisivamente al cuerpo físico. Como una evidencia más de la sabiduría oriental, en el antiguo Japón se hablaba con frecuencia de "disciplinar el abdomen" como medio de lograr la conexión mente–cuerpo y de almacenar energía en la zona tanden del vientre: una estrategia efectiva para impedir el avance de una enfermedad.

Existen numerosas técnicas que permiten producir la alquimia mental indispensable para el mantenimiento de la salud. Dice el

Ayurveda que la intención juega un papel importante en los beneficios que podemos obtener de cualquier práctica que consideremos sanadora, bien sea la aromaterapia, la hidroterapia o los masajes con aceites esenciales. De ahí los espléndidos resultados que se alcanzan practicando las afirmaciones positivas.

Basta con que nos dispongamos a formular esas afirmaciones para que la intención se transforme en acción, un concepto que se abre paso cada vez más en el mundo contemporáneo a medida que la ciencia comienza a desentrañar las relaciones cuerpo–mente o las conexiones entre la espiritualidad y la salud, tal como si nuestro código genético estuviera programado para obligarnos a creer en una fuerza superior o para hacernos saber que con sólo cambiar nuestra conducta, llenándonos de fe y de optimismo, podemos vencer cualquier dolencia y proteger nuestra vida útil.

Muchos estudios han revelado que la oración tiene efectos positivos en la curación de numerosas enfermedades y que las personas que han meditado durante un tiempo con regularidad tienen una edad biológica inferior a la cronológica, lo que demuestra que gracias a la meditación se puede detener el proceso de envejecimiento e incluso revertirlo. También se sabe que mediante la visualización o terapias con imágenes dirigidas, podemos activar el sistema defensivo del organismo y reparar el cuerpo físico. Esas curaciones *"milagrosas"* no las desconocen los facultativos de la salud: han presenciado numerosas remisiones de enfermedades graves, han sido testigos de las curaciones espontáneas de las que habla el doctor Weil. Esa y no otra es la razón por la cual cada día un mayor número de personas se dedica a explorar nuevas o antiguas formas de aumentar la resistencia interior a las enfermedades, apelando justamente al poder de la mente.

Inteligencia celular

Pero existe una verdad a la que nadie debe sustraerse: si se utilizan las afirmaciones positivas o la visualización durante el proceso de meditación, esas técnicas elevan al máximo sus potencialidades terapéuticas porque pueden ser accionadas desde la zona más profunda del ser interno, un "lugar" hasta entonces inaccesible, al que sólo la meditación le abre las puertas, un "espacio" lleno de luz y de paz donde se genera la química del organismo, donde reside la inteligencia celular, donde se produce la conexión psicofisiológica, donde psique y soma se dan la mano.

Cromoterapia y meditación

Todo parece indicar que fueron los habitantes del desaparecido continente de la Atlántida los primeros en utilizar los colores tanto en el diagnóstico como en el tratamiento de las enfermedades, conocimiento del que se apropiaron los egipcios, puesto que según se sabe ya lo practicaban desde el año 2500 a. de C. Quizás mucho antes apareció el arte indio de la curación conocido como Aryuveda, en el cual la cromoterapia adquiere singular importancia junto a la aromaterapia, las infusiones y los masajes con aceites esenciales, entre otros métodos destinados a contribuir a la salud corporal.

Para darnos cuenta del interés que la cromoterapia ha despertado siempre en la humanidad, basta con realizar un rápido recorrido histórico. El médico y filósofo Avicena, quien vivió hasta 1037, en su Canon de Medicina expresó que el color no sólo era una guía para el diagnóstico sino un eficaz remedio contra cualquier enfermedad, criterio que también compartió el más famoso de los terapeutas de la antigüedad, Paracelso, y que más tarde también adoptó Franz Anton Mesmer, el médico alemán a quien se debe la teoría de la curación por el magnetismo.

Después de una larga etapa en que decayó el interés por la cromoterapia, se publicó en 1877 el libro *Luz azul y roja*, de S. Pancoast, en el que se describían las propiedades curativas de esas luces, y al año siguiente apareció *Los principios de la luz y el color*, del médico Edwin Babbitt, quien desarrolló el sistema curativo utilizando lentes de colores. Los teósofos Charles Leadbeater y Annie Besant escribieron exhaustivamente sobre los colores en las formas de pensamiento, y en l903 el médico danés Niels Finsen recibió el premio Nobel por su descubrimiento sobre el efecto curativo de los rayos luminosos y ultravioletas en varias enfermedades cutáneas. En 1937 apareció el libro *El origen y propiedades del aura humana*, del doctor Oscar Bagnall, biólogo de Cambridge, quien fue el primero en explicar que los colores del aura eran percibidos por los bastones del campo receptor del ojo.

El año 1939 y el nombre de Semyon Davidovich Kirlian, la primera persona que logró fotografiar el aura humana, no se pueden dejar de mencionar cuando se habla de la curación por el color. Nacido en Ekaterinodar, entonces un pequeño pueblo que tras la revolución rusa fue bautizado con el nombre de Krasnodar, hasta los cuarenta años de edad nada auguraba en Kirlian un destino brillante: escolarmente no había concluido siquiera los estudios de secundaria y el único oficio en el que demostró cierta destreza fue el de mecánico eléctrico.

Tanta habilidad llegó a alcanzar en su oficio que sus servicios siempre fueron reclamados cada vez que algún equipo eléctrico, lo mismo una máquina para masajes que un aparato de rayos X, dejaba de funcionar en un hospital. Muy pronto fue designado para cuidar del mantenimiento de todas las instalaciones médicas de Krasnodar. Gracias a la seguridad económica que le brindaba el nuevo empleo, decidió hacer lo que llevaba meses acariciando en su mente: casarse con Valentina, una mujer tan excepcional como él, que se desempeñaba como profesora de literatura en una escuela secundaria y que tal vez impulsada no sólo por el amor a Semyon sino por la pasión que despertaba en ella la fotografía, colaboró devotamente en todos los experimentos del esposo hasta su muerte prematura en 1971, víctima de una extraña y dolorosa enfermedad que contrajo por exponerse con demasiada frecuencia a corrientes eléctricas de alto voltaje.

En cierta ocasión en un hospital se dañó un generador Tesla de alta frecuencia y como decidieron desecharlo, Kirilian se hizo cargo de él, lo trasladó a su pequeña vivienda, en la esquina de las calles Gorki y Kirov y finalmente, después de consultarlo con Valentina, lo instaló en la propia recámara que les servía de dormitorio. No le resultó difícil ponerlo a funcionar de nuevo, después de fabricar él mismo las piezas de repuesto. Desde ese momento en adelante, según confesó Kirlian, cualquier acontecimiento, bueno o malo, que tocara a su puerta, estaría relacionado con un generador de alta frecuencia.

Malo, como ocurrió años más tarde con la muerte de Valentina. Bueno, cuando sucedió algo que nunca hubiera podido imaginar mientras reparaba un generador de alta frecuencia. Kirlian lo refirió más tarde con estas palabras: "Yo había tenido un rasguño en una mano y aunque había cicatrizado y no había señal visible de él, me percaté de que en el campo de alta intensidad alrededor del generador se veía el rasguño con asombrosa claridad".

Tratando de desentrañar el misterio, Kirlian decidió tomar una fotografía de su mano, utilizando el generador Tesla y una placa fotográfica. La operación era sencilla: colocar la mano en el electrodo y accionar brevemente el generador. Valentina la reveló enseguida y ante sus ojos apareció algo que semejaba una radiografía, pero no lo era: la silueta de una mano, con los huesos nítidamente delineados, pero lo insólito de la foto era el impresionante halo que destellaba alrededor de los dedos de la mano. Esa noche, según refirió Kirlian, ni Valentina ni él pudieron dormir, pensando con razón que habían logrado registrar en película por primera vez esa energía o vibración que anima a todos los seres vivientes y de la cual hasta ese momento sólo habían hablado los místicos y los fundadores de las grandes religiones.

Kirlian refirió también que después de haber tomado la primera foto del aura, Valentina y él estaban tan entusiasmados con los experimentos que, casi como en un arrebato de locura súbita, se tomaban mutuamente fotografías del aura casi a diario, y así descubrieron que tenían auras de distinto color: a Valentina la rodeaba un resplandor color naranja mientras Semyon tenía el aura azul claro. Más tarde comprobaron que cada persona irradiaba un color diferente de aura y que esos colores podían variar de acuerdo con las emociones que estuvieran experimentando. Gracias a los descubrimientos de Kirlian y Valentina hoy podemos tener constancia del campo energético humano en una foto Polaroid, cuyos colores nos dicen si una persona se siente deprimida, o si está dominada por el deseo sexual o por el resentimiento. Otro descubrimiento de los esposos Kirlian fue que las distintas partes del cuerpo humano se distinguen por colores diferentes.

Esos distintos colores que registra la cámara Kirlian corresponden a los siete centros principales de energía o chakras, que tanta relación guardan con nuestra salud y nuestro crecimiento espiritual.

El primer chakra o chakra raíz, también conocido con el nombre de muladhara, se encuentra situado en la base de la columna vertebral y está relacionado con los mecanismos de supervivencia básicos del ser humano. Un desorden en este chakra puede ocasionar cáncer en los huesos, leucemia y, en la mayoría de los casos, falta de vitalidad. Al primer chakra corresponde el color rojo.

El segundo chakra, llamado svadisthana, está debajo del ombligo y se relaciona con el hígado, el estómago y el intestino. Color: anaranjado.

El tercer chakra o chakra del plexo solar, situado en la base del esternón, está relacionado con la vida emocional de la persona. Un desorden en este chakra puede ocasionar diabetes, úlceras o hepatitis. Color: amarillo.

El cuatro chakra o chakra del corazón es aquel a través del cual amamos. En este chakra las energías del plano terrestre se transforman en espirituales, gracias a la compasión y el amor. Le corresponde el color verde, que desde el punto de vista psicológico simboliza la primavera. Todos los cromoterapeutas coinciden en afirmar que el verde estimula la regeneración de los tejidos afectados.

El quinto chakra o chakra laríngeo es el chakra de la comunicación. Según Leadbeater este chakra confiere al hombre la facultad de audición en el plano astral. Color: azul, el más curativo de todos los colores.

El sexto chakra, llamado ajna, conocido también como el Tercer Ojo porque es el centro de la intuición, está situado en el entrecejo y se relaciona con la hipófisis, que coordina el sistema endocrino. Muchos investigadores vinculan la hipófisis al mecanismo del tiempo interior, de modo que el fenómeno del envejecimiento estaría ligado al funcionamiento de esta glándula y por consiguiente al fluir de la energía a través de este chakra. Le corresponde el color violeta.

El séptimo chakra o chakra de los Mil Pétalos se encuentra situado en la parte superior de la cabeza y permite la comunicación con la energía cósmica, de manera que al activarlo se puede alcanzar la sabiduría y la iluminación espiritual. Le corresponde el color magenta o blanco.

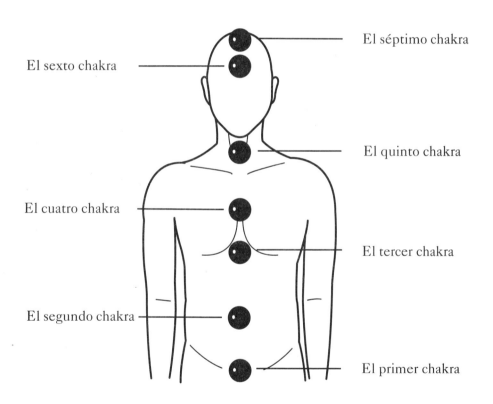

El séptimo chakra

El sexto chakra

El quinto chakra

El cuatro chakra

El tercer chakra

El segundo chakra

El primer chakra

El Sistema de los Chakras

La cromoterapia postula que para lograr la curación en un órgano situado en la zona correspondiente a un chakra, debe proyectarse sobre ese lugar el color propio de ese chakra. Muchos cromoterapeutas aconsejan que, sin prescindir del médico, sólo como un tratamiento alternativo, debemos tener en nuestro hogar una lámpara con filtros de color, que resultan muy eficaces en la curación de numerosas afecciones corporales.

Los meditadores de larga práctica saben que también es posible proyectar mentalmente el color hacia una determinada zona del cuerpo con el mismo propósito sanador. ¿Cómo lo hacen? Al cabo de un minuto o dos de estar sentado cómodamente en una silla o en un cojín, con los ojos cerrados, el meditador comienza a repetir, como si se tratara de un mantra, el nombre del color que necesita proyectar.

Al cabo de otro minuto o dos, comprueba que a medida que repite el nombre del color le resulta cada vez más fácil visualizarlo y por lo tanto dirigirlo hacia la región afectada. Es posible que en la imaginación del meditador el color tome las características de una llama que "quema" las impurezas allí acumuladas. Si usted se dispone a efectuar este tipo de meditación, acepte la visualización de la llama como una de las más idóneas para lograr la sanación.

> **El color azul** corresponde al área del cuello y la zona alta de los pulmones. Por ello en caso de bronquitis, cáncer de la mama, enfisema y rigidez del cuello, el meditador debe proyectar mentalmente sobre la zona afectada el color azul.

> **El color verde** corresponde al tórax y parte baja de los pulmones. Debe proyectarse mentalmente durante la meditación en casos de angina de pecho, indigestión o náuseas.

> **El color amarillo,** que corresponde al plexo solar, zona donde se almacenan las emociones, debe proyectarse mentalmente en casos de depresión así como en afecciones de la piel, en tanto que el color rojo es aconsejable proyectarlo en casos de trastornos genitales.

La claraboya

Siéntese cómodamente, entrecierre los ojos y respire lenta y profundamente.

Pronuncie su mantra preferido.

Ahora imagine que en la habitación donde usted medita existe una claraboya por donde se derrama una potente luz.

Permita que un torrente de luz blanca penetre por el centro de su cabeza, inundando todo su cuerpo, todo su tejido celular.

Deje que esa luz blanca ilumine su universo interior.

Si usted está sufriendo alguna afección corporal, debe visualizar el color correspondiente al chakra que está próximo a esa zona del cuerpo.

Dele oportunidad al color curativo de ejercer su función.

Antes de concluir la meditación, tome otra vez conciencia de su ritmo respiratorio. Respire lenta y profundamente. Después regrese a la respiración normal.

Repita mentalmente: "Me siento perfectamente bien".

Origen de las enfermedades

En un organismo sano hay una continua circulación de energía. La antigua medicina china descubrió que la energía circula por unos meridianos invisibles que recorren todo el cuerpo desde la cabeza hasta los pies, estableciendo una relación directa con los distintos órganos. Para clarificar este concepto, pudiéramos decir que la energía circula por los meridianos (a los que los chinos llaman jing, que quiere decir conducto) en la misma forma que la sangre circula en el organismo siguiendo el curso que le determinan las venas y las arterias.

Sólo que la medicina occidental se ha negado a aceptar la existencia de los meridianos puesto que al practicar la autopsia esos conductos,

que son justamente la esencia de la vida, no pueden ser localizados
porque desaparecen en el instante de la muerte. Sin embargo, no es
posible negar que cuando una aguja se clava en cualquiera de los puntos de acupuntura, de los cuales existen cerca de mil, se restablece de
inmediato la circulación normal de la energía en el meridiano correspondiente, que ocupa por supuesto el mismo lugar del órgano afectado
por la enfermedad. La práctica de la acupuntura lo ha demostrado: restablecer el libre fluir de la energía equivale a restablecer la salud.

Los pensamientos y sentimientos son manifestaciones de la energía.
Cuando nuestra mente se ensombrece con pensamientos o sentimientos negativos, esa energía comienza a fluir desordenadamente, produciendo un desequilibrio en las pautas energéticas que recorren el organismo: a veces en una zona de nuestro cuerpo se produce un déficit de
energía y a veces un exceso. La enfermedad se origina cuando se produce lo mismo una carencia o una exhuberancia energética alrededor
de un órgano determinado, puesto que cualquiera de las dos variantes
impide el flujo armonioso de la energía en nuestro mundo interior.

Quienes son capaces de ver en el mundo de lo invisible, están convencidos de que la salud no es sólo una responsabilidad personal: es
también un compromiso cósmico porque nuestra desarmonía se re-
flejará negativamente en el libre fluir de las pautas energéticas del
universo. De ahí que toda la medicina oriental —desde el Aryuveda
hasta el Shiatsu— postula que la enfermedad aparece cuando una
persona pierde su armonía interior y por lo tanto interrumpe su intercambio de información con la energía universal.

Un científico pudiera decir hoy lo mismo con otras palabras: el hombre sucumbe a la enfermedad cuando pierde el control de su conciencia. En el mundo occidental muy pocos son capaces de negar que la
mente juega un papel esencial en el origen de las enfermedades, lo
mismo en la hipertensión arterial, la depresión y los padecimientos
cardiacos que en algunas tan mortíferas como el cáncer. Cuando experimentamos un determinado sentimiento se produce una secreción
hormonal que provoca cambios en el metabolismo y en la fisiología.
No está de más que volvamos a subrayarlo: si esos sentimientos son

de amor, compasión, amistad y altruismo los cambios fisiológicos que ocurren se traducen en un buen estado de salud, mientras que los pensamientos tristes y los sentimientos de ira, odio, miedo o resentimiento, producen alteraciones en la química corporal que desencadenan procesos fisiológicos en dirección opuesta a la salud.

El cuerpo revela, mediante la salud o la enfermedad, el lenguaje de nuestro subconsciente. Es decir, la mente utiliza el cuerpo para expresar los sentimientos de ira, odio o frustración que hemos depositado en nuestro interior. Utiliza el cuerpo para trasmitir un mensaje que de otra forma permanecería oculto. De ahí que el desequilibrio empieza en algún lugar de nuestra psique antes de aflorar en el nivel físico, antes de traducirse en una afección psicosomática. Todas, o casi todas las enfermedades tienen esa causa. Las afecciones de la garganta, por ejemplo, reflejan una negativa a aceptar las exigencias de la vida. Decir que no "tragamos" una situación equivale a decir que no la aceptamos. Una meditación aconsejable para efectuar la curación en este tipo de dolencias:

> Sería visualizar todo lo agradable que existe en la vida: el amor a la pareja, a los padres, a los hijos, visualizar la naturaleza en todo su esplendor y las obras de arte que un día nos produjeron gran placer estético. Durante la meditación se debe repetir mentalmente o en alta voz la enseñanza del budismo zen: "Si no aprendemos a percibir el misterio y la belleza de nuestra vida y de nuestra hora presente, no percibiremos nunca el valor de ninguna vida, de ningún momento".

Una úlcera péptica refleja sentimientos de agresividad o de miedo. Los conflictos internos se almacenan en el plexo solar, originando trastornos como indigestiones o acidez. Meditación aconsejada:

> Visualizarnos viajando en una nube, por encima de los edificios, los valles, las montañas o el mar. Sentir que nos alejamos de los conflictos, que a la altura en que estamos no nos pueden afectar.

El asma expresa la necesidad de recibir. Aparece cuando la persona siente la necesidad de ser aceptada, reconocida y amada por otras personas. Meditación adecuada:

> Visualizarnos como triunfadores en la vida. Revivir acontecimientos durante los cuales la gente (familiares o amigos) nos demostraron admiración.

La piel es la frontera con el mundo exterior. Las afecciones cutáneas reflejan inseguridades y temores de los que no somos conscientes. Meditación:

> Visualizar que todo nuestro cuerpo está recubierto de láminas metálicas. Imaginar cómo, poco a poco, nuestro cuerpo empieza a cubrirse de láminas de oro, de plata o de bronce, primero los pies, las pantorrillas, los muslos y luego el vientre, el pecho, los brazos, el cuello y la cabeza. Se debe experimentar la sensación de que esas láminas adheridas a la piel se convierten en una armadura que, al mismo tiempo que protege, confiere autoridad.

El cáncer refleja un sostenido sentimiento de frustración o de resentimiento, y también una inclinación a amar la vida ajena más que a la suya propia. Meditación aconsejada:

> Visualizar que una energía del más puro amor recorre el organismo, iluminando las zonas oscuras del universo interior.

Risoterapia

Cuando somos víctimas de alguna enfermedad, lo primero que sentimos es miedo. Experimentamos de pronto la sensación de que nuestra existencia se ve amenazada. Pensamos, no sin cierta razón, que la enfermedad puede provocarnos la muerte. Cualquier enfermedad prefigura ese riesgo. Apenas aparece el dolor, el estado febril, que son síntomas inequívocos de que la salud se ha quebrantado, empezamos a sentir miedo al futuro, intuyendo que cada nuevo día nuestra salud será más precaria.

El miedo, en consecuencia, no es otra cosa que la pérdida de la esperanza. Y la esperanza, sin que sea necesario decirlo, significa por el contrario el deseo de alcanzar un futuro en el cual todo lo turbio se transforme en diáfano, de que la fe obre el milagro de devolvernos la salud. No será posible recuperar ese bienestar mientras no seamos capaces de experimentar la confianza absoluta de que recobrar la salud es perfectamente posible. Todos los médicos han podido comprobar que los pacientes que con más prontitud logran la curación son aquellos que tienen fe en los tratamientos que se les aplican, aquellos que miran hacia el futuro con optimismo y constantemente se forjan nuevas metas en la vida.

El sentimiento opuesto al miedo no es la alegría sino el optimismo. Ante una desgracia es permisible y lógico que se experimente tristeza, pero sin que su persistencia nos lleve a la depresión y a considerar que nada bueno nos espera en la vida. Para fomentar el optimismo el mejor remedio es la risa. La risoterapia es un término acuñado recientemente, pero que está cobrando cada vez mayor aceptación, sobre todo a partir de las experiencias de Steven Sultanoff, de la Asociación Americana de Humor Terapéutico y de Robert Holden, fundador de la primera Clínica de la Risa, en Gran Bretaña.

Nadie puede calcular los beneficios que han provocado en la salud de mucha gente las comedias protagonizadas en las pantallas cinematográficas por Charlie Chaplin, Buster Keaton, los hermanos Marx, Fernandel, Cantinflas, Woody Allen, Dustin Hoffman o Whoopi Goldberg. Los que vieron la escena de la cinta *Annie Hall,* en la que Woody Allen y Diane Keaton tienen miedo de echar al agua hirviente una langosta viva, que al fin cae en la cazuela, lo que provoca que ellos se sientan culpables de haber cometido un homicidio, todos esos espectadores recibieron en ese momento lo que hoy denominamos una risoterapia. En la siguiente página encontrará una meditación aconsejada:

Revivir la hilaridad

Cierre los ojos. Relájese.

Recuerde que en algún momento de su vida usted tuvo lo que pudiéramos llamar un ataque de risa incontenible.

Ahora usted lo va a revivir.

Respire lenta y profundamente. Al concluir la tercera espiración, trate de recordar nítidamente ese instante en el que usted estuvo dominado por un acceso de risa.

Mírese desde afuera, como si viera a otra persona reír.

Sin necesidad de hacer un esfuerzo, permita que afloren en su memoria todos los detalles de la regocijada escena como si viajara sin tropiezos en el tiempo hasta llegar a este "aquí y ahora".

Oiga su risa. Trate de escucharla con la mayor precisión posible a medida que la risa penetra en usted, lo sacude por dentro y brota de su propia boca.

Sea tan feliz como entonces lo fue. Séalo todo el tiempo que su concentración se lo permita.

La curación por los cinco elementos

La antigua sabiduría china señalaba la presencia de cinco elementos que comprenden todos los fenómenos de la naturaleza y que, si aceptamos la estrecha correspondencia entre macrocosmos y microcosmos, podemos aplicarlos también al cuerpo humano. Esos cinco elementos son: madera, fuego, tierra, agua y metal.

Cada uno de esos elementos tiene una relación directa con uno o varios órganos de nuestro cuerpo: la madera equivale al hígado, el fuego al corazón, la tierra al estómago, el metal al pulmón y el agua al riñón. Durante la práctica meditativa podemos servirnos de esos cinco elementos para mejorar la salud corporal.

Las personas que tienen alguna dolencia hepática pueden practicar la siguiente meditación:

Cierre los ojos. Relájese.

Respire lenta y profundamente, dirigiendo el aire hacia su vientre, tal como usted lo ha hecho si ha practicado la "respiración completa".

Imagine que ese aire, ahora transformado en energía, pasa a través del tronco de árboles corpulentos o de grandes amontonamientos de madera, y de inmediato visualice que esa energía potenciada con la carga energética de la madera llega hasta su hígado limpiándolo de las impurezas que ocasionaron la enfermedad.

Si tiene algún padecimiento estomacal comience la práctica como en la meditación anterior, pero esta vez imaginando lo siguiente:

Una masa de energía brota desde la tierra y llega hasta su estómago, produciendo la curación.

Si padece una enfermedad pulmonar, debe empezar la práctica con la siguiente visualización:

Una masa de energía procedente de algún metal realiza una labor sanadora en sus pulmones. Después piense que sus pulmones se recubren de láminas metálicas —de oro, plata o cualquier otro metal— para preservarlos de cualquier otra enfermedad.

Si la persona padece alguna enfermedad de los riñones debe iniciar su práctica meditacional imaginando lo siguiente:

El aire que respira adquiere ya dentro de su cuerpo la misma calidad del agua. El agua es un elemento fluido que tiene un enorme poder místico, tanto en el plano físico como espiritual.

Piense que el aire que usted ha respirado, se ha convertido en agua limpiando los riñones de toda impureza, produciendo la curación.

Si existe alguna dolencia del corazón, realice la siguiente práctica:

> Piense que el aire que usted respira mientras medita se transforma en energía de amor y condúzcala hasta el corazón a modo de un fuego que "quema" todas las impurezas que provocaron la enfermedad.

> Perciba que a partir de ese momento usted será una persona más amorosa, más altruista y más feliz.

Cómo curar a distancia

Si usted tiene el propósito de servir a los demás y de un modo muy especial prestar ese servicio en el terreno de la salud, debe adoptar el convencimiento de que en todo el mundo reside ese don y que incluso se puede curar a distancia, sin que la persona se percate de la ayuda que le están prestando.

> Enciérrese en la habitación que ha destinado para meditar. Siéntese cómodamente y relájese.

> Visualice a la persona que usted va a curar, explorando todo su cuerpo de arriba a abajo. Hay un momento en que una zona del cuerpo de esa persona le hará detener la exploración. Concéntrese en esa zona.

> Utilice sus manos para "barrer" con gestos enérgicos cualquier energía negativa almacenada en esa parte del cuerpo.

> Imagine que la energía negativa, a medida que usted la "barre" con sus manos, cae al suelo y se pierde en lo más profundo de la tierra, donde no puede dañar a nadie. Ahora utilice poderosos rayos de luz sanadora en la zona afectada.

> Siempre debe empezar con un poderoso rayo de luz blanca y después aplicar la luz correspondiente a la parte del cuerpo que usted está curando.

> Agradézcale al Ser Supremo la posibilidad de poder servir a otra persona.

Aprender a cerrarse

Aunque la Psicotrónica afirma que la energía es intransferible, en Japón varios científicos utilizaron aparatos destinados al control de los procesos de acupuntura con el fin de estudiar los intercambios de energía que se producen entre el sanador y el enfermo durante la curación por el espíritu. Se comprobó que al finalizar la labor de curación, la pauta energética del sanador mostraba un desequilibrio mientras que el enfermo registraba un aumento de energía vital.

Aunque teóricamente la energía no puede transferirse, el sentimiento de compasión es tan fuerte en el sanador que puede ceder parte de su energía al paciente. Por eso si alguien utiliza la meditación para curar a otra persona, es necesario que aprenda a *"cerrarse"*. Cerrarse en este caso equivale a protegerse, porque ese desequilibrio energético que puede producirse en el sanador, no es el único riesgo que está asumiendo.

Cuando usted está tratando de curar a alguien, lo que hace es apartar del organismo de esa persona la energía negativa que se haya acumulado en una zona de su cuerpo. Es frecuente que al hacerlo el sanador se impregne de algunos residuos de esa energía negativa, con el consiguiente riesgo de contraer una enfermedad o de sentirse indispuesto durante algunos días.

Para evitar que eso ocurra, tan pronto concluya la práctica sanadora, debe visualizarse una llama poderosa que queme todas las impurezas que hayan quedado alrededor del paciente. Después visualice un círculo de luz. Sitúese dentro de él, en la confianza de que será para usted la mejor protección.

Parte VI:
La casa de la salud

*Lo que realmente cuenta
como gozo es la salud.*

—Thomas Merton

Hasta ahora hemos descrito lo que pudiéramos llamar una meditación pasiva. Adoptamos la postura conveniente, con la espalda recta, los ojos entrecerrados y las manos en el regazo, la palma de la mano derecha sobre la palma de la mano izquierda. Ponemos toda nuestra atención en el ritmo respiratorio, tratamos de prolongar las pausas entre inhalación y exhalación porque no ignoramos que cuanto más lento sea ese ritmo mayores beneficios allegarán al organismo durante y después de la meditación. Comenzamos a pronunciar una palabra, un mantra, quizás el sonido primordial OM, para propiciar un estado cada vez más profundo de relajación. Entonces nos "soltamos", nos dejamos llevar porque no tenemos la menor duda de que Alguien nos conduce de la mano hasta lo más profundo de nuestra naturaleza biológica, hasta niveles de consciencia insospechados, al final de los cuales debe producirse el encuentro con el Absoluto: un encuentro durante el que percibimos de alguna forma, en estado de éxtasis, que ese centro de poder energético que es el kundalini, que parecía dormitar, almacenado en el perineo (la serpiente enrollada que se muerde la cola), se despereza de pronto y comienza a ascender desde el cóccix, a lo largo de toda la columna vertebral, recorriendo todo el sistema de chakras hasta alcanzar la glándula pineal y salir como un torrente de luz por el mismo centro de la cabeza (ver página 23).

Antes de que nuestra conciencia haya alcanzado esa expansión y nos invada la fragancia de esa experiencia única, antes de alcanzar la "Luz perseguida", el meditador puede y debe experimentar con sus propias luces, con las que él es capaz de crear a su arbitrio para los más diversos fines: para preservar el equilibrio interno, para percibir la frecuencia de los ritmos corporales, para disciplinar la mente, para iluminar zonas de nuestro psiquismo inconsciente donde estaban agazapadas en la más

Kundalini

densa oscuridad las emociones que un día nos provocaron llanto y desazón, o los sentimientos de ira y de odio que no hemos podido desarraigar, y también para iluminar los espacios que ocupan dentro de nosotros los maestros de todas las religiones, y donde señorea el Cristo interno del que hablaba San Pablo. Utilizar esas luces creadas por nosotros mismos es practicar una forma de meditación activa o dirigida. No dependemos de nadie, como aconsejaba Buda. Somos nuestra propia lámpara.

Aprovechar el biorritmo

El comportamiento de los ritmos biológicos de energía del ser humano ha sido motivo de estudio desde los tiempos más remotos. En 1593, André Laurens, en De crisbus, explicó que toda enfermedad alcanza su paroxismo en el séptimo día y su desenlace en el día vigésimo–primero. Roch le Baillif señaló que los ciclos humanos son múltiplos de 7, idea que compartió Malfatti cuando dijo: "Las cuatro edades del hombre se desarrollan en función de la multiplicación de tres veces siete: 21 años (juventud), 42 años (virilidad), 63 años (vejez), y 84 años (decrepitud)".

En el antiguo Egipto, así como en Siria, Persia y Macedonia, existieron unos sacerdotes–médicos, entre los cuales figuró Hipócrates, que recibieron el nombre de periodeutas en virtud del conocimiento que adquirieron sobre los ritmos corporales, lo que les sirvió para curar muchas enfermedades.

Numerosos estudios parecen confirmar que el cáncer es una enfermedad en cuya aparición y desarrollo influyen los ritmos corporales, ya que suele ocasionar sus estragos a los 42 años, a los 49, a los 56 y a los 63. En su libro *Biorritmo*, el doctor Krumm–Heller señala que ese ritmo septenario se hace evidente también en las mujeres, puesto que si dan a luz al cumplir los años 21, 28 ó 35, la criatura tendrá un exacto parecido con la madre. Otro caso interesante citado por Kumm–Heller es el de Tolstoi, quien nació el 28 de agosto de 1828 pudo comprobar que la gran mayoría de las cosas importantes de su vida ocurrieron siempre un día 28.

El doctor Franz Halberg, profesor de medicina de la Universidad de Minnesota, fundador de una nueva ciencia que lleva el nombre de

Cronobiología, ha hablado extensamente sobre la necesidad de ajustarnos a los ritmos corporales a fin de lograr el equilibrio interno, del que dependen nuestros niveles de salud. Para el doctor Halberg vivir en armonía con esos biorritmos es escuchar la "música del cuerpo", es prestarle atención a los mensajes provenientes del sistema mente–cuerpo, algunos de los cuales son comunes a todos los seres humanos. Los cronobiólogos han descifrado esos mensajes: en horas de la mañana aumenta la atención, la memoria a corto plazo alcanza su plenitud y las relaciones sexuales resultan más satisfactorias; en horas del mediodía aumenta la temperatura corporal y se agudiza la vista, durante la tarde se incrementa la destreza manual, y cuando anochece el metabolismo está en su punto más bajo.

Medio siglo antes, el doctor Milton Erickson, fundador de la Sociedad Americana de Hipnosis Clínica, durante su práctica como hipnoterapeuta advirtió que cada cierto tiempo se producían cambios en los estados receptivos de la mente de sus pacientes, durante los cuales las sugestiones hipnóticas para provocar la curación encontraban un terreno más fértil, lo que también le indujo a pensar que el organismo espontáneamente estaba colaborando en su reparación. La experiencia de muchos años le decía a Erickson que esos períodos, gracias a los cuales él tenía un acceso más directo al subconsciente, duraban entre diez y veinte minutos.

Posteriormente el neurólogo francés Jean–Martin Charcot subrayó que las personas experimentan varias veces al día un estado de conciencia intermedio entre el sueño y la vigilia, que él denominó estado hipnoidal. Pierre Janet, uno de sus discípulos, insistió en que esas "pausas a lo largo del día" estaban relacionadas con el agotamiento físico y justo en esos momentos, el organismo podía recuperar las energías perdidas. Esos cambios espontáneos de estados de conciencia también fueron señalados por Freud y Jung, pero fue a partir de la década de los cincuenta cuando los científicos, gracias al avance de la tecnología médica, empezaron a detectar ritmos internos de actividad y descanso que duraban entre noventa y ciento veinte minutos. Tales ritmos ultradianos/circadianos corroboraban la noción vislumbrada por Milton Erickson de que cada cierto tiempo el cuerpo necesitaba hacer una pausa para regenerarse.

Hoy sabemos que la mayor parte del tiempo se está produciendo en el cuerpo una renovación celular, pero también que durante cada una de las pausas programadas por el biorritmo, que duran exactamente veinte minutos, se produce una acelerada respuesta holística de sanación cuando entra en actividad el sistema reparador del organismo. Esas respuestas de sanación deben ser aprovechadas en la práctica de cualquiera de las técnicas que se emplean con fines terapéuticos: la meditación, la hipnosis, la psicotrónica, el biofeedback, la bioenergoterapia, la visualización, y hasta en las expresiones religiosas como el chamanismo, la ciencia cristiana de Mary Baker Eddy, la sanación tántrica o la imposición de manos que practican, entre otros, los seguidores de Allan Kardec.

Meditación sanadora

La sanación holística, que aborda al paciente como un todo, ha recibido en los últimos tiempos un firme reconocimiento en algunos sectores de la ciencia médica. Numerosos oncólogos opinan que existe la posibilidad de que un tumor canceroso pudiera aparecer en el lugar orgánico de menor resistencia de una persona cuando se interrumpe su inmunidad natural, quebrantándole la salud. Por este motivo, ningún paciente logrará su curación si recibe tratamiento en un órgano determinado ya que, contra el criterio sostenido tradicionalmente por la patología occidental, aunque la enfermedad aparezca localizada en una determinada parte del cuerpo, en realidad es un desorden generalizado.

Si la tecnología médica se dirige al tratamiento de un determinado órgano, puede producirse la curación pero no la sanación, cuya finalidad es devolverle a la totalidad del cuerpo el bienestar del que hasta hace poco disfrutaba. Para la sabiduría oriental el enfermo es una persona que ha interrumpido su intercambio de información con la inteligencia cósmica. El tratamiento debe consistir, por consiguiente, en lograr que el paciente recupere su capacidad de vibrar en armonía con la naturaleza y que su microcosmos vuelva a identificarse con el macrocosmos, adaptándose otra vez al ritmo del universo.

Cuando el gran gurú Padmasambhava llegó al Tibet para fundar la escuela del budismo Vajrayana, conocida también como la Vía del Tantra, una de sus primeras enseñanzas estuvo relacionada con el cuidado y mantenimiento de la salud. Enseñó que la verdadera salud se consigue cuando somos capaces de crear una fuente de alegría que alimente nuestro bienestar y sirva de provecho a los demás. Enseñó la práctica de la meditación para profundizar en la vida espiritual y para establecer una conexión estable con la inteligencia corporal, esa especie de magia que le permite al cuerpo repararse a sí mismo. "Busqué el bienestar del cuerpo sentado sobre los talones", dijo Milarepa siglos más tarde. Eso es lo que persigue la meditación sanadora: la salud perfecta, que no se puede alcanzar si no aprendemos el arte de la concentración, una vía directa para escuchar los más sutiles mensajes que el cuerpo emite constantemente.

Autocuración Tántrica

Meditar no es sólo practicar la relajación. Es detener la marcha a fin de que los pensamientos y los sentimientos se aquieten. Es sentarse cómodamente en un cojín o en una silla, olvidar las solicitaciones ambientales, concentrarse en un punto fijo, tal vez en una llama diminuta que parpadea en la oscuridad. Meditar es una manera natural y sencilla de permitir que las negatividades, tales como el miedo, el orgullo, la ignorancia, la ira y el apego abandonen nuestro cuerpo, cediéndoles el paso a la alegría, al amor, la compasión y el altruismo. Meditar es también procurar que los Sanadores Supremos nos otorguen el don de la salud.

La Autocuración Tántrica nos enseña a meditar sobre los cinco Sanadores Supremos: *Akshobya* ("El que sustenta la vida"), es azul y desde el corazón cura las enfermedades mentales, la hipertensión, la artritis y los problemas intestinales; *Amitabha*, es rojo y desde el chakra laríngeo cura las enfermedades pulmonares y del hígado; *Vairochana*, es blanco y cura las enfermedades del cerebro así como las afecciones glandulares; *Amoghasiddi*, es verde, ocupa la región del

pubis y sobre él debemos meditar para curar las enfermedades sexuales y el estreñimiento, y *Ratnasambbhava*, que es amarillo, reside
en la región del ombligo y debemos apelar a su compasión para curar
las enfermedades renales y los problemas cutáneos.

¿Cómo se medita para alcanzar la sanación? Si usted recuerda la
imagen de alguno de esos Sanadores Supremos puede evocarla mientras medita, reconstruyéndola en su imaginación poco a poco hasta
lograr la totalidad de la imagen. Si esas imágenes no le son familiares
puede reconstruir mentalmente la imagen de Jesucristo o la de San
Lázaro, dos Maestros Sanadores que han de acudir prontamente a su
solicitud. Pero cualquiera que sea el Maestro cuyos favores se soli-
cita, antes de empezar se debe reflexionar sobre el propósito que lo
mueve a meditar, luego debe visualizar la imagen del Sanador, solicitar el permiso para llevar a cabo la práctica y finalmente debe expresar con humildad el agradecimiento por la gracia concedida.

El maestro sanador

Lida, mi ángel guardián, me dijo que existe un lugar llamado la Casa
de la Salud, donde debemos acudir mentalmente durante la meditación para establecer la comunicación con el Maestro Sanador. No es
una morada construida con materiales ordinarios, como los que estamos acostumbrados a ver, sino un recinto vegetal cuyas paredes y te-
chumbre pueden ser los ramajes de árboles frondosos, y donde los
asientos son arbustos que han adoptado la forma de una silla o un
sofá, gracias, tal vez, a la pericia de un experto podador. En el suelo
están a nuestra disposición, para sentarnos a meditar, numerosos coji-
nes elaborados con hierbas que nos atraen con su fragancia y verdor.

Apenas entramos en la Casa de la Salud un gurú se nos acerca solí-
cito. Nos saluda uniendo las palmas de las manos a la altura de la barbilla y de inmediato nos explica los pasos a seguir:

> **Primero:** podemos sentarnos en el zafu o cojín redondo
> que más nos agrade, con los pies cruzados de modo que las
> rodillas descansen en el piso por debajo del nivel de la ca-
> dera, o en una silla con las manos apoyadas en las rodillas.

Segundo: debemos empezar a respirar lenta y profundamente, tratando de que la inhalación se prolongue lo más posible mientras impulsamos el aire con fuerza hasta la zona tanden del abdomen conocida como el "océano de la energía".

Tercero: cada vez que realice una inspiración repita la palabra OM o el mantra que primero acuda a su imaginación.

Cuarto: préstele toda su atención al ritmo respiratorio, aprecie cómo el aire desciende hasta la zona tanden del abdomen y vuelve a salir de su cuerpo por los orificios de la nariz. Cuando inhale diga "uno", cuando exhale diga "dos", cuando inhale diga "tres", así hasta llegar a veintiuno.

Quinto: comience a visualizar la imagen del Maestro Sanador, solicite su permiso para desarrollar la práctica e implore su ayuda para recuperar o mantener un buen estado de salud.

Sexto: piense que el Maestro Sanador, que está situado frente a usted, le envía incesantes rayos de luz, que brotan de su pecho, justo en el lugar donde destella su amoroso corazón. Perciba cómo los rayos de luz azul que emite el corazón del Maestro Sanador le entran a usted por las ventanas de la nariz, purificándole el organismo. Inhale esa luz azul del Maestro Sanador todo el tiempo que le sea posible.

Séptimo: exprese con humildad y alegría su agradecimiento tanto al Maestro Sanador como al gurú que le indicó los pasos a seguir durante la práctica de la meditación. Antes de ponerse de pie y abandonar la Casa de la Salud, piense que los beneficios obtenidos no los quiere sólo para usted, que deben hacerse extensivos a sus familiares, a sus amigos, a sus posibles enemigos y a toda la humanidad.

Las enseñanzas budistas afirman que dedicar a los demás los méritos adquiridos equivale a verter una gota de agua en el océano, mientras que no hacerlo es permitir que esa gota se evapore en las arenas de un desierto.

El poder de curar

Los hindúes lo llaman prana. Algunos le han dado el nombre de fluido vital. Otros lo han llamado fuerza esencial, fuerza creativa, magnetismo vial y algunos energía de Dios. Esas distintas denominaciones, cualquiera de las cuales usted puede aceptar, se refieren a una misma cosa: en el universo existe una energía unificadora que alienta la vida y que al individualizarse penetra en el cuerpo humano y al mismo tiempo lo envuelve, protegiéndolo.

Esa banda de percepción extrasensorial o de envoltura etérica, que generalmente conocemos como aura o cuerpo astral, que según Leadbeater puede estar llena de vívidos colores, resulta casi siempre invisible a la vista ordinaria aunque existen personas que han podido percibirlo con cierta facilidad, e incluso ha sido fotografiado por los esposos Kirlian, utilizando un generador de alto voltaje con una película fotográfica. Pues bien, la salud del ser humano depende de la capacidad que éste tenga para absorber la energía vital, para evitar que su campo magnético se dañe y para lograr que la energía fluya armoniosamente por todas las partes de su cuerpo. Si se produce un desequilibrio en el fluir de esa energía, aparece la enfermedad.

Esa es la razón por la cual muchos han llegado a afirmar que no existen enfermedades sino enfermos, que la mayor parte de las enfermedades son psicosomáticas y que el poder de la mente puede garantizar nuestra salud corporal porque a la mente le está destinada la función de preservar la armonía dentro de ese campo magnético que nos rodea y de vigilar que esa envoltura no se dañe. Pero si una persona por descuido, por desconocimiento o por cualquier otra razón, no ha sido capaz de preservar su aura y aparece la enfermedad, que no es más que un "agujero" por donde se fuga la energía vital, necesita el concurso de otra persona que lo ayude a —sellar— esa abertura por donde se escapa la salud y que restaure la armonía dentro del cuerpo aquejado hasta ese momento por alguna enfermedad.

Desde los tiempos más lejanos han existido personas capaces de ejercer esa labor restauradora. En Egipto, en los templos de Serafis, Isis y Osiris, los sacerdotes empleaban las manos para sanar a sus pacientes. En la misma forma lo hacía Esculapio y más recientemente practicó el mismo tipo de terapia el médico Franz Anton Mesmer. De modo que la idea constante, a lo largo del devenir histórico, es que esa posibilidad de sanar a los demás se logra utilizando las manos.

En el Evangelio según San Mateo puede leerse: "Cuando descendió Jesús del monte, le seguía mucha gente. Y he aquí vino un leproso y se postró ante él, diciendo: Señor, si quieres, puedes limpiarme. Jesús extendió la mano y le tocó diciendo: Quiero, sé limpio. Y al instante su lepra desapareció". Tratando de racionalizar —si fuera posible— esa curación milagrosa, como otras tantas realizadas por Jesús, tendríamos que apoyarnos en la autoridad del doctor Mesmer, el creador del primer método para sanar mediante el magnetismo. Mesmer afirmaba que todos podemos convertirnos en sanadores, que cualquier persona dispuesta a servir al prójimo puede cargarse como una "pila" de esa energía vital y trasmitírsela a un paciente, utilizando las manos para que esa fuerza vital fluya a través de su cuerpo y ejerza su benéfica labor en el cuerpo del enfermo.

Según Mesmer el sanador debe limpiar el cuerpo del enfermo, tal como pudo haberlo hecho Jesús, extrayendo las vibraciones o energías negativas que están almacenadas en alguna parte del cuerpo. Si el sanador es diestro su mano positiva es la derecha y si es zurdo, la izquierda. Para realizar la extracción el terapeuta debe colocar su mano negativa en el lugar aquejado por el dolor o la enfermedad mientras su mano positiva debe permanecer con la palma hacia abajo, apuntando hacia el suelo, lo más alejada posible del paciente. Cuando alcance a apreciar que la energía ha fluido desde el punto dañado a través de su cuerpo hasta llegar a la mano positiva, concluya la labor y lávese inmediatamente las manos a fin de limpiarse usted mismo de cualquier impureza.

La otra operación, la de introducir energía vital en el cuerpo del enfermo, se realiza a la inversa, es decir colocando la mano positiva en el lugar que se desea sanar y manteniendo la mano negativa en alto, con la palma hacia arriba, recibiendo la energía que se trasmitirá al paciente. Esa técnica de introducción también puede efectuarse colocándose el sanador a las espaldas del paciente con las manos sobre su cabeza, e imaginando que una poderosa luz blanca penetra en el cuerpo del paciente librándolo de cualquier enfermedad.

La curación psi

La curación psi, también conocida como chamánica, paranormal, bioenergoterapia o curación psíquica, se refiere a la práctica de combatir las enfermedades sin la intervención de un agente terapéutico conocido.

Esos métodos sanadores son considerados paranormales justamente porque no existe para ellos una explicación médica aceptada hasta el momento. La curación psi, una de las tantas modalidades de la medicina alternativa, se remonta a los albores de la civilización en nuestro planeta. Ya hemos mencionado que en la misma forma en que hoy se conoce, la curación psi era practicada en los templos egipcios de Isis, Osiris, Busiris y otros. Se sabe que se valía de ella el arquitecto egipcio Imhotep, gran sacerdote de Heliópolis, el médico al que recurrían todos los faraones hasta su muerte, ocurrida alrededor del año 3000 antes de Cristo. También Hipócrates, el padre de la medicina, consideraba que existía una fuerza vital sanadora, la vis medicatrix naturae, y para curar sus pacientes utilizaba con frecuencia la imposición de las manos.

Por supuesto que todos los que practican la curación psi no tienen la misma explicación para el fenómeno. Algunos atribuyen a Dios el poder de curación, mientras otros piensan que las curaciones se efectúan mediante la intervención de la energía universal, y otros muchos opinan que esa práctica terapéutica apela al sistema reparador del organismo, toda vez que el poder mental puede fortalecer el sistema inmunológico y restablecer la salud. Esta última variante se ha probado con éxito innegable en muchos enfermos de cáncer, quienes han sido entrenados para visualizar a los leucocitos de su sistema inmunológico destruyendo una a una las células cancerosas invasoras, hasta lograr la remisión de la enfermedad.

La curación psi se lleva a cabo la mayor parte de las veces mediante pases con las manos, tal como la realizaba Mesmer y también como lo explicaba Carlos Castaneda en su libro *Pases mágicos*, donde expone la sabiduría práctica de los chamanes de México. Gracias a las enseñanzas que le proporcionaron los naguales o brujos Juan Matus y Julián Osorio, Castaneda accedió al conocimiento de que existe una cantidad de energía inherente a cada persona, que no puede ser aumentada o reducida, pero que sí necesita ser redistribuida en el organismo cuando aparece una enfermedad, con el fin de propiciar la armonía interior, principio básico de la salud corporal. Según explicaba Castaneda, los chamanes de México, son capaces de percibir el fluir de la energía cuando se encuentran en un estado de conciencia alterada que él denominaba conciencia acrecentada. Gracias a los pases mágicos, los chamanes logran establecer un vínculo apetecido entre las pautas energéticas de sus cuerpos y el flujo vibratorio de la energía universal.

En su libro *The Psychic Realm*, Naomi Hintze relata el caso del coronel Oskar Estebany, quien durante su carrera militar se percató de que le era posible curar con las manos. Cuando la fama de Estebany llegó a oídos de la monja franciscana Justa Smith, del Rosary Hill College, de Buffalo, ésta decidió realizar una investigación para comprobar si el coronel era capaz de influir en la actividad de las enzimas de las células. El resultado fue satisfactorio. Más tarde el coronel se sometió a otras investigaciones dirigidas por Dolores Krieger, de la Universidad de Nueva York, a fin de saber si efectivamente Estebany lograba curar a las personas mediante la imposición de las manos. La doctora Krieger reconoció notables aumentos de la hemoglobina en los pacientes que él trató.

He aquí algunas meditaciones destinadas a potenciar el poder sanador de sus manos.Usted puede utilizar aquella que le suscite una atracción especial.

La esfera de energía

Si se le presenta la necesidad de curar a una persona en un momento inesperado, debe aislarse durante algunos minutos de todos los demás.

Cierre los ojos. Relájese.

Visualice una esfera de un material transparente alrededor suyo.

Piense que dentro de esa esfera únicamente entrarán las energías positivas que contribuyen a proporcionar la salud.

Imagine que toda esa energía que está contenida en la esfera empieza a entrar en su cuerpo, y que desde ese instante usted puede proyectarla a través de sus manos hacia la persona que desea curar.

Abra los ojos, sintiendo que usted está en posesión del poder de sanación.

Sanación y conciencia cósmica

Cierre los ojos.

Respire lenta y profundamente.

Regrese a la respiración natural.

Imagine que sale hacia el espacio exterior, sobrevolando las ciudades, las montañas, los ríos, hasta abandonar el planeta en que vivimos.

Prosiga viajando por los espacios interestelares.

Mientras continúa su viaje, extienda las manos para establecer la comunicación con la conciencia cósmica. Pídale el poder de curar, con la promesa de no hacerlo nunca procurando un interés personal.

Regrese haciendo el mismo recorrido a la inversa. Perciba que la conciencia cósmica está dentro de usted, presta a fluir desde sus manos para servir a los demás.

Las manos sanadoras

Mientras medita, una las dos palmas de las manos con la misma devoción como si estuviera rezando.

Comience a frotarse las manos lentamente.

Imagine que la energía universal acude a sus manos mientras se las frota.

Trate de visualizar esa energía. Observe cómo destella por las yemas de sus dedos.

Piense que ahora usted tiene unas manos sanadoras, capaces de proporcionar salud a quien lo necesite.

Ejercicios de autosanación

Cualquiera de las meditaciones que haya sido escogida para potenciar el poder de las manos a fin de curar a los demás, puede y debe ser combinada con algún ejercicio de autosanación. Estos ejercicios de tensión–relajación permiten liberar las tensiones acumuladas pero, además, como las manos juegan un importante papel en la conexión mente–cuerpo, tienen la facultad de dirigir el poder de la conciencia hacia las capas celulares más profundas, donde se decide la salud corporal.

Ejercicio número 1

Escoja una habitación tranquila, libre de todo ruido.

Acuéstese bocarriba. Cierre los ojos.

Trate de tensar los músculos de la parte superior de la espalda. Y relájelos.

Dirija la tensión hacia los músculos de los hombros. Y ahora relájelos.

Tense los músculos de los brazos, los antebrazos y las manos. Y ahora relájelos.

Ahora dirija la tensión, al mismo tiempo, hacia los músculos de los hombros, brazos, antebrazos y manos, manteniendo los dedos de ambas manos en total tensión, separados lo más posible.

Relájese. Disfrute esa agradable sensación de relajación que le permitirá experimentar una mayor energía y serenidad mental.

Ejercicio número 2

Sentado cómodamente, extienda la mano derecha con la palma hacia arriba.

Trate de tensarla lo más posible, con los dedos separados.

Sin permitir que desaparezca la tensión, flexione el pulgar dirigiéndolo hacia la base de cada uno de los dedos restantes, empezando por la base del meñique.

Ahora trate que cada uno de esos dedos se acerque lo más posible a la base del pulgar, primero el meñique y luego los restantes.

Relaje su mano. Acérquela a su rostro, acarícielo, y después descienda su mano, recorriendo con ella el pecho, el vientre, las caderas y los muslos, con la intención de que su mano derecha le está trasmitiendo salud.

Realice la misma operación con la mano izquierda.

Ejercicio número 3

Siéntese cómodamente. Cierre los ojos.

Extienda las dos manos con las palmas hacia arriba. Ténselas, tratando de mantener los dedos muy separados.

Piense que por cada una de las yemas de sus dedos está penetrando la energía sanadora.

Ahora mantenga la intención de que esa energía que se ha ido acumulando en sus manos, penetra en todo su cuerpo y fluye por todos los órganos, vitalizándolos.

Relaje las manos mientras pronuncia mentalmente la palabra "salud", con la misma fuerza evocadora de un mantra.

Al abrir los ojos, agradézcale a la energía universal el beneficio que le ha concedido.

Ejercicio número 4

Sentado cómodamente, con los ojos cerrados, se inspira profundamente y se espira el aire con la mayor lentitud, mientras los brazos se levantan, manteniendo las palmas de las manos hacia adelante, tal como se le obliga a hacerlo a una persona cuando se le amenaza con una pistola.

Trate ahora de tensionar los dedos lo más posible. Mientras continúa inspirando profundamente y prolongando cada vez más el tiempo que le concede a la exhalación, los dedos deben doblarse sobre la palma de la mano, cuidando de que no pierdan su tensión. Perciba la tensión ascendiendo desde la muñeca al antebrazo.

Relájese. Baje los brazos lentamente. Pronuncie en voz baja repetidas veces la palabra "salud".

Parte VII:
Zen y autorealización

No debemos practicar un Zazen egoísta,
sino un Zazen universal, junto a todo el cosmos.
Es inútil querer salvarse solo.

—Taisen Deshimaru

Debíamos empezar preguntándonos qué es el Zen. Pero nadie ha podido responder con certeza a esa pregunta. Ningún maestro del Zen ha intentado definirlo categóricamente. Posiblemente existen tantos Zen como personas lo han practicado. Uno de los grandes maestros chinos del Zen, Hui Neng, quien vivió en el siglo VII de nuestra era, siempre se negó a explicarles a sus discípulos los modos de alcanzar la iluminación puesto que, a partir de ese momento, el Zen sería para el discípulo un conocimiento adquirido en lugar de una experiencia personal.

"Los maestros del Zen, dijo Suzuki, no niegan ni afirman". Y en otra ocasión recalcó: "el Zen no enseña, señala". El Zen no es una religión puesto que no adora a ningún dios ni guarda la menor relación con la vida ultraterrena. Tampoco es un sistema filosófico. Tal vez, sin muchas pretensiones, pudiéramos definirlo como un método destinado a fortalecer la relación mente–cuerpo, cuyo objetivo más alto es el Satori, o sea la autorealización. De manera que el Zen hay que buscarlo en el interior de cada persona. El Zen es el camino adecuado para entrar en contacto con las fuerzas más entrañables de nuestro ser. El Zen aspira a concederle al hombre el dominio de sí mismo. Apela a la bondad innata en el hombre. Aspira a sacar a la superficie todas las virtudes que están en su interior y exponerlas a la luz.

Todos esos objetivos se persiguen y se obtienen a través del Zazen. Zazen significa estar sentado en la postura del loto, entregado a una profunda meditación. Equivale en sánscrito a Dhyana, que literalmente significa "dirigir el espíritu hacia algo". Dhyana, por lo tanto, procura concentrar el espíritu hacia un objetivo determinado, exactamente lo que hacemos cuando practicamos la meditación.

Durante la práctica del Zazen deben observarse con el mayor cuidado todas las disposiciones ofrecidas por Buda y más tarde por Bodhidharma, quien introdujo el budismo en China en el siglo VI de nuestra era, desde donde esa disciplina se trasladó al Japón seiscientos años más tarde. Se aconseja practicar el Zazen sentado frente a una pared, en una habitación donde reine el mayor silencio. A lo largo de todo el proceso de meditación deben quemarse varillas de incienso para producir una sensación de pureza que contribuya a favorecer la relación mente–cuerpo. Es preferible efectuar diariamente dos sesiones de meditación, una en horas de la mañana, antes del desayuno, y la otra en horas de la noche, antes de ir a la cama. Las primeras sesiones pueden tener una duración entre cinco y diez minutos. Al cabo de dos o tres meses deben extenderse hasta los treinta minutos. El practicante debe adoptar la postura del loto. Los tibetanos mientras meditan colocan la mano derecha, que representa la disciplina, sobre la izquierda, que representa la sabiduría.

En el Zen es a la inversa. En realidad existen cinco categorías del Zen, con ligeras variantes en el modo de cruzar las piernas o de colocar las manos, pero todas tienen elementos comunes: la espalda erguida, el control de la respiración y la concentración mental. Hay un Zen denominado *bompu*, que se practica únicamente para mejorar la salud. Otro Zen, llamado *gedo*, se practica para adquirir facultades paranormales. La tercera categoría del Zen se denomina *shojo*, que quiere decir "pequeño vehículo" o Hinayana, porque tiene como única finalidad alcanzar la paz mental, en tanto que la cuarta categoría, *daijo*, "gran vehículo" o Mahayana, procura volverse al interior del hombre, hacia las zonas más inaccesibles del ser. La quinta categoría, el Zen *saijojo*, es la práctica suprema, la liberación absoluta, la que practicó Shakyamuni Buda debajo de un árbol hasta alcanzar la iluminación.

El control de la mente

Ya adoptada la postura conveniente, el siguiente paso dentro del Zazen consiste en controlar el ritmo respiratorio, contando las inhalaciones y las exhalaciones a fin de facilitar la concentración. Un próximo paso dentro del Zazen sería estar atento al ritmo respiratorio sólo con el "ojo de la mente" hasta alcanzar la llamada "conciencia de la respiración", la cual nos lleva a percibir nítidamente la relación mente–cuerpo. Sin embargo, seguir con la mente el ritmo respiratorio en un estado de absoluta placidez no es exactamente el último propósito de la meditación.

El Zazen, tal como debemos concebirlo, no es la inacción sino todo lo contrario. Significa decidirse a controlar la mente para utilizarla con ahínco y energía en la consecución del fin supremo: la transformación del meditador en un ser nuevo, quizás en el hombre nuevo del que hablaba San Pablo, un hombre con la mente totalmente desarrollada, con todas las facultades creadoras a su disposición. Buda sentenció que todos los seres sensibles pueden alcanzar la iluminación inmediatamente, aquí y ahora. No es necesario esperar hasta más tarde, hasta mañana o hasta una nueva vida.

Por lo visto cualquier persona puede adquirir la fórmula: basta con sentarse a meditar con la firme determinación de conseguir la verdadera libertad. Sin ningún ritual, sin la intercesión de ninguna divinidad, sin apelar a nada más que a los dictados de su ser interno, el hombre puede autorealizarse. Dicho así parece una tarea fácil, pero no es tan fácil porque requiere una gran dosis de fuerza de voluntad. "Aunque sólo me queden la piel, los tendones y los huesos, y aunque mi sangre y mi carne se sequen y marchiten, jamás me moveré de este asiento hasta que haya alcanzado la iluminación plena", dicen que dijo Buda cuando se dispuso a meditar bajo un árbol, donde, por cierto, permaneció sentado por espacio de seis años hasta lograr su propósito. Idéntica proeza realizó Boodhidharma, quien estuvo sentado nueve años frente a una pared hasta que obtuvo su realización espiritual.

Bien sea que se logre con facilidad o mediante un esfuerzo sostenido durante años, la iluminación no le está negada a ninguna persona que la procure con firmeza. Y no le está negada por una razón muy sencilla: todas las condiciones previas para la realización plena se hallan en el interior del hombre. Sólo hace falta asumir la noción de que somos budas en potencia, aceptar sin arrogancia que desde el nacimiento estamos programados para adquirir el mismo estado de conciencia que alcanzaron Buda y Bodhidharma. Por eso el budismo dice también que cualquier acontecimiento fortuito, que supuestamente no tiene ninguna resonancia especial, puede provocar en una persona su apertura hacia el satori, a la realización espiritual. Algo aparentemente tan banal como la caída de una fruta que ha madurado en el árbol, el vuelo inesperado de una mariposa o las luces de un amanecer, puede ser el detonador que nos lleve al descubrimiento de un mundo nuevo, de una paz espiritual y un gozo interno cuyo disfrute nos negaba el acelerado ritmo de la vida moderna.

¿Se ha sentido usted alguna vez inundado de alegría sin saber por qué? ¿El recuerdo de algún momento de su vida en que fue totalmente feliz, regresa para hacerlo sonreír años más tarde? ¿Ha sentido la misma emoción que experimentó meses o años atrás en compañía de una persona amada? ¿Por qué siente deseos de caminar bajo la lluvia? Un bioquímico puede entregarnos la explicación de que en esos instantes estamos sintetizando endorfinas, una hormona de la familia de las encefalinas que tiene una relación directa con la felicidad y el bienestar corporal. Pero aunque esa interpretación científica sea cierta —y lo es—, también en esos mismos momentos, en que somos transitoriamente más felices que en otras ocasiones, se están produciendo indicios del estado superior que nos aguarda, destellos fugaces de la iluminación que podemos alcanzar meditando y gracias a la cual adquirirán permanencia en nosotros la alegría, la felicidad y el bienestar corporal. Serán tesoros que ya nadie nos podrá arrebatar.

Cualquier técnica es la mejor

De todas las técnicas aquí descritas usted puede escoger para meditar la que más le agrade, la primera que ejerza sobre usted una fascinación especial. La que mejor le servirá a los fines de su autorealización es aquella en la que usted deposite una mayor confianza, en la que ponga su fe, porque no es la técnica sino usted mismo quien garantiza el resultado. No es la técnica la que cura una enfermedad sino la inteligencia celular respondiendo a las exigencias de la técnica. Lo que activa el sistema reparador del organismo es la seguridad que uno deposita en sí mismo cuando se sienta a meditar.

Sin embargo, la técnica no puede ser excluida porque detrás de ella, sosteniéndola, están siglos de experimentación y resultados y ya se sabe que igual que cada acto es la consecuencia de todos los actos que le han precedido, el conocimiento es la suma de todos los conocimientos que se han ido adquiriendo a lo largo del devenir histórico. Aplicarse a una técnica consagrada por la práctica de miles de personas, incluyendo a los fundadores de las grandes religiones, es la mejor de todas las opciones.

Esas técnicas han abierto los canales que conducen directamente a la realización. No ignoramos, por ejemplo, el resultado que se obtiene cuando adoptamos la postura o realizamos los gestos que corresponden al ejercicio del Zazen.

Si colocamos las manos en *gassho*, es decir con las palmas unidas, sentimos que de inmediato nos invade un sentimiento de reverencia y de humildad. Si colocamos las manos en *el regazo* y unimos las yemas de los pulgares adquirimos sosiego y serenidad, en tanto que si nos sentamos con la espalda recta experimentamos sensación de dignidad.

La técnica nos enseña a descifrar la sabiduría del cuerpo. Los gestos del cuerpo se controlan a través de la práctica hasta que llegamos a percibir la estrecha relación, por ejemplo, entre los dedos y el cerebro. Los antiguos conocían esta relación. Anaxágora señaló: "El hombre piensa porque tiene una mano". Y Taisen Deshimaru en sus comentarios sobre el sutra de la Gran Compasión agregó: "Debemos aprender a pensar con nuestros dedos".

El rostro de Dios

Posiblemente no somos nosotros quienes elegimos el momento de nuestra iluminación sino Dios. Algo similar quieren expresar los hindúes cuando afirman que el Maestro aparece cuando el discípulo está en condiciones de recibirlo. Dios despierta a la vida del espíritu sólo a aquel que ha cosechado méritos para que se le conceda esa gracia. El mérito a los ojos de Dios, según todas las religiones, está en la práctica de virtudes tales como la compasión, el amor al prójimo y el altruismo. El mérito reside también en la disciplina, la dedicación y la fuerza de voluntad que pongamos al servicio de nuestro mejoramiento espiritual. Sin esfuerzo no hay cosecha. Sin un anhelo de perfección disparado como una flecha hacia ese objetivo supremo que es la iluminación, no será posible alcanzarla.

El Zen no es un entretenimiento a disposición del primer desocupado. Es un camino sin retorno cuesta arriba que debe ser transitado como una escalera: peldaño a peldaño. Al final, en lo más alto, observándonos, está el rostro de Dios. Precisamente allí, en lo más alto, se verifica el encuentro con nosotros mismos. Cada persona, cuando se aproxima a la contemplación del rostro de Dios, observa su propio rostro. La imagen de Dios es, acaso, la síntesis de los rostros de todos los seres que pueblan el universo.

La meditación propicia ese encuentro con nuestro yo interno. Durante la realización de ese encuentro vemos los primeros destellos de la Luz. Pero cuando finalmente alcancemos la iluminación, ese instante que en cierta forma señala la culminación de nuestras vidas, comprobaremos que no coincide exactamente con la muerte física. En el Upanishad se dice que tras la iluminación el hombre puede: "abandonar su cuerpo y descansar para siempre en el seno del brahmán o, por el contrario, preservar su integridad corporal".

El alma queda liberada pero la persona sigue viviendo. A partir de esa experiencia única los iluminados llevan una vida paradójica, puesto que aunque sigan entre nosotros, compartiendo nuestras alegrías y vicisitudes, de algún modo pertenecen a otro mundo: no están gobernados por el apego, viven en perfecta armonía consigo mismos, y todos sus actos están dirigidos hacia una finalidad superior, que los mantiene en contacto permanente con la sabiduría cósmica. Son los sabios, los grandes creadores literarios y artísticos, los científicos que mediante sus investigaciones y descubrimientos les abren nuevas rutas a la humanidad.

Después de la iluminación es frecuente que incluso puedan vivir durante un tiempo prolongado. Buda vivió cuarenta y cinco años después de alcanzar su realización espiritual. No es de extrañar por ello que en cualquier lugar, en un cinematógrafo, en una biblioteca, en el salón de espera de un aeropuerto, nos encontremos con un iluminado, es decir con una persona que alcanzó la sabiduría, que escapó a las trampas incesantes que nos tienden la vanidad, el egoísmo y el desamor. Mozart fue un iluminado. Tolstoi y Goethe también lo fueron. Y Shakespeare y Gandhi y Martin Luther King Jr. Pero no es necesario tener un nombre aureolado por la fama para que descubramos en una persona, que puede ser nuestro vecino más próximo, los signos indescifrables y al mismo tiempo reveladores que los iluminados llevan en la frente. Lida, mi ángel guardián, también lo fue y sin embargo se deslizó por la vida silenciosamente, sin provocar el menor ruido, sin hacer ostentación de sus infinitos méritos y conocimientos, de su infinita sabiduría, prodigando amor sin pedir nada a cambio.

Para alcanzar la iluminación, podemos adoptar cualquiera de las cinco categorías del Zen. Pero sea cual sea el camino que adoptemos debe estar empedrado por el amor. Por el amor a nosotros mismos y por el amor al prójimo. Si no te regocijas del triunfo y la alegría de los demás, no podrás amarte a ti mismo. Sin amor no hay salud ni belleza corporal ni riqueza espiritual.

Permite que la alquimia del amor transforme en oro puro cada latido de tu corazón.

Autorealización y éxito

Siguiendo la ley enunciada por Hermes Trimegisto de que todo es arriba como es abajo, podemos decir que la autorealización es un concepto que no sólo tiene que ver con el crecimiento espiritual: también define nuestra actitud ante la vida y los resultados que logramos alcanzar en la sociedad. Por consiguiente autorealización puede equivaler, en cierta forma, a algo que todos procuramos: el éxito.

El éxito podría definirse como el resultado de la habilidad o la destreza que se emplea para alcanzar los deseos más profundos con el mínimo de esfuerzo. Contrariamente a lo que muchos opinan la feliz culminación de un propósito no se deriva fundamentalmente de la tenacidad desplegada, de una terca disposición para chocar con los muros, caer vencido por el obstáculo y ponerse de nuevo en pie. Si desentrañamos las verdaderas leyes que rigen el éxito veremos que esas leyes para concretarse, más que del arduo bregar, del sacrificio y de la abnegación, dependen de la adquisiciónde un estado de armonía interior que permita el libre fluir hacia nuestra persona de toda la abundancia contenida en el universo.

Paramahansa Yogananda escribió un libro titulado *La Ley del Éxito*. Recientemente Deepak Chopra y otros autores han abordado el tema y todos coinciden en afirmar que una de las principales leyes espirituales del éxito es aquella que nos está recordando que dentro de nosotros están latentes todas las posibilidades y que, por lo tanto, esas posibilidades están esperando el momento de expresarse físicamente, de transformarse de energía pura en materia visible y palpable. El hecho de que todo ese potencial pueda derramarse sobre nosotros, colmándonos de dicha, salud y provecho económico, depende casi exclusivamente de nuestra actitud mental. De manera que programar el éxito no es sólo desear y trabajar ardientemente en la consecución de un propósito, sino permitir que la mente "atraiga" aquello que deseamos, apelando a las grandes reservas de la imaginación creadora.

Son muchas las personas que identifican el éxito con la abundancia de bienes materiales. La posesión del dinero puede ser un indicio, pero son incontables también las personas que sin poseer riquezas materiales han visto satisfechas sus expectativas y han culminado sus vidas gratificados por la certidumbre de haber alcanzado el éxito en lo que se propusieron. Basta citar los nombres más obvios: Jesucristo o Buda. Lamentablemente la mayor parte de las gentes no parecen utilizar sus habilidades para alcanzar sus deseos más profundos, sino todo lo contrario: constantemente le están poniendo obstáculos a su desarrollo con una amplísima gama de negatividades, que van desde el pesimismo y la duda hasta la falta de confianza en sí mismos y el miedo a los cambios que nos depara la vida. Los mecanismos que con mayor frecuencia conducen al fracaso se llaman frustración, soledad, resentimiento, agresividad, incertidumbre. Cada una de esas tendencias negativas fueron creadas por las personas que las padecen en algún momento de sus vidas, presumiblemente en la niñez o en la adolescencia, como un "medio" de resolver un problema o rehuir una situación dolorosa. Y porque permanecen en nuestro subconsciente, programando nuestro comportamiento, esas tendencias aflorarán en cada situación similar a la que nos hizo sentir por primera vez un sentimiento de inferioridad, de miedo o de impotencia.

De lo que se trata, pues, es de programar el éxito en lugar del fracaso, de adueñarnos de una actitud mental que sin tropiezos nos conduzca al éxito. "La mayoría de los individuos son tan felices como quieren serlo", dijo Abraham Lincoln. Lo que equivale a decir que si queremos poner a nuestro servicio esa programación positiva debemos empezar por conocer los mecanismos de la mente.

En su libro *The Gospel of Relaxation*, el psicólogo William James aconsejó evitar a toda costa la constante reflexión sobre los problemas que nos agobian y sus hipotéticos resultados. Para librarse de las preocupaciones, de la ansiedad o del miedo a fracasar, de todos esos fantasmas que pueblan el subconsciente, el medio más eficaz, según James, es el de sustituir la actividad por la pasividad y la intensidad de nuestras ideas recurrentes por la relajación de las tensiones. Esa técnica, que él denominó de rendición, conduce a concederle toda la preocupación a un asunto solamente hasta el instante en que decidimos ejecutarlo y lo ejecutamos. Inmediatamente después, si queremos conservar nuestra salud mental y propiciar el logro de nuestros propósitos, debemos renunciar a seguir pensando en el resultado de los actos, dejando la solución de esos problemas en manos de fuerzas superiores, tal vez en manos de un Ser mayor capaz de conducir nuestros deseos a una feliz realización.

Esas fuerzas superiores a la que se refería William James no están sólo fuera de nosotros, en el macrocosmos, sino también en el microcosmos, es decir en nuestro interior, y lo único que necesitamos es aprender a ponerlas a nuestro servicio, almacenando en el subconsciente el mayor número posible de las ideas positivas que necesitamos para conseguir el éxito. Servirnos de esas fuerzas interiores para crearnos metas a corto o largo plazo, y verlas realizadas en el plano físico justo en el tiempo deseado, no es algo tan difícil o complejo como alguien puede sospechar. Sólo hay que tener absoluta confianza en los resultados que vamos a obtener, y éstos dependerán ciertamente de nuestra capacidad para meditar visualizando esas metas con absoluta nitidez, tal como si ya las hubiéramos cumplido. Si por ejemplo, usted desea encontrar un buen trabajo, comprar una casa o alcanzar la felicidad conyugal, sólo necesita colocarse mentalmente en la situación deseada como si ya formara parte de la realidad. Su energía y su mente lograrán el objetivo.

Amor, astrología y meditación

Unos tres mil años antes de Cristo los primeros sacerdotes de Persia que se iniciaron en el conocimiento y la práctica de la astrología dividieron la bóveda celeste en cuatro partes iguales: Aldebarán del Toro, Fomalhaut del Pez, Antares del Escorpión y Régulo del León. Más tarde los sumerios subdividieron esas cuatro partes y así hicieron su aparición las doce casas del zodíaco tal como hoy las conocemos, en cada una de las cuales los astros y planetas ejercen una influencia muy determinada que corresponde con los distintos aspectos de nuestra vida personal: en la salud, en las relaciones hogareñas, en nuestras capacidades latentes, en nuestra posición social y por supuesto, también en el amor.

En el momento exacto de nuestro nacimiento o acaso antes, en el momento de la concepción, cuando el óvulo unicelular resulta fertilizado, nos convertimos en receptores de las influencias astrales, establecemos las primeras relaciones del microcosmos con el macrocosmos y empezamos a sintonizar nuestro reloj biológico con los ritmos energéticos del universo. Para muchos estudiosos de las ciencias ocultas, cuando la cabeza del recién nacido emerge del claustro materno, a la glándula pineal o al chakra de los Mil Pétalos le corresponde captar esos primeros efluvios astrales, que permanecerán ya para siempre en nuestro universo interior, en cada una de nuestras células, en nuestro sistema nervioso, en el hormonal, e inmunológico, efluvios que en esta vida y en las sucesivas —si aceptamos la teoría de la reencarnación— estarán codificados en una molécula de ADN que no es sólo el receptáculo de nuestro potencial genético sino uno de los puntos en que se almacena la información de nuestro linaje cósmico. Tales efluvios, ya convertidos desde muy temprano en sangre de nuestra sangre, estarán dictando permanentemente nuestras inclinaciones, preferencias, deseos, aptitudes y sentimientos.

¿Quién puede poner en duda la exactitud caracterológica que la astrología le confiere a cada signo solar? ¿Quién duda hoy que una persona tiene tendencias al ejercicio a veces excesivo de la autoridad justamente porque nació bajo el signo de Leo? ¿Cómo vamos a poner en duda la influencia de los astros cuando se ha podido comprobar que las condiciones sanguíneas de una persona tienen relación estrecha con las radiaciones solares? ¿La ciencia no nos dice que los estados depresivos conocidos como "trastorno afectivo estacional" lo padecen ciertas personas en invierno, precisamente porque durante esa estación del año aparecen en la sangre altos niveles de melatonina, hormona que segrega la glándula pineal? También se ha comprobado que los crímenes nocturnos no son más frecuentes en las noches más oscuras, sino todo lo contrario, en los plenilunios, justo cuando logra su mayor esplendor la luna llena.

Dante Alighiere concluyó su *Divina Comedia* con este verso: "el amor, que mueve al sol y las estrellas". Si en términos astrológicos podemos decir que el amor es un sentimiento que está condicionado por la fecha, la hora y el lugar de nuestro nacimiento, también podemos decir poéticamente, como Dante, que nuestro amor, el amor que le dispensamos a nuestra pareja, el amor que dignifica el sexo y convierte en una sola persona a dos almas gemelas, ejerce también una influencia benéfica a escala cósmica haciendo más hermosa y grata la vida en nuestro planeta. Pero, ¿cómo saber cuál es nuestra alma gemela? ¿Cómo descubrirla en la inmensa multitud que se derrama en las avenidas de las grandes ciudades? ¿Cómo descubrir que podemos establecer con esa persona una relación gratificante? ¿Cómo intuirlo? ¿Serán de verdad las influencias astrales las que propicien nuestra felicidad matrimonial? ¿Podemos consultar a los astros en el momento de escoger nuestra pareja?

Todo indica que la respuesta es sí.

> **Aries,** que gobierna la cabeza, es el primer signo del zodiaco. Como es un signo de Fuego, los arianos deben tener una relación amorosa satisfactoria con los nacidos bajo un signo de Aire: Géminis, Libra y Acuario. Entre los arianos y los nativos de Tauro hay una evidente incompatibilidad de caracteres, sin embargo en el terreno amoroso pueden mantener excelentes relaciones, sobre todo cuando el nativo de Aries es el hombre, al cual le atrae enormemente la capacidad de la taurina para el disfrute sexual.

Tauro es un signo de Tierra, por ello sus nativos afinan con los nacidos bajo un signo de Agua: Cáncer, Escorpión y Piscis. Géminis, signo de Aire, se siente atraído por los nacidos bajo un signo de Fuego: Aries, Leo y Sagitario.

Los nativos de **Cáncer,** signo de Agua, están destinados en el amor a una relación satisfactoria con los nativos de Tierra: Tauro, Virgo y Capricornio. Las relaciónes entre Cáncer–Cáncer prometen una gran comprensión mutua.

Leo, signo de Fuego, tendrá una relación gratificante con los nativos de Libra, Géminis y Acuario, signos de Aire.

Los nacidos bajo el signo de **Virgo,** signo de Tierra, pueden establecer relaciones perdurables con los nativos de Cáncer, Escorpión y Piscis. Los nativos de Virgo y Capricornio también suelen establecer relaciones perdurables.

El nativo de **Libra** se ha ganado en astrología el nombre de el Pacificador en razón de su innata capacidad de mantener el equilibrio interior, lo que le permite establecer, al menos hipotéticamente, una relación agradable y casi siempre perdurable con los nativos de cualquier otro signo solar.

Escorpión, que gobierna los órganos sexuales, es un signo de Agua que afina con Tauro, Virgo y Capricornio, signos de Tierra.

Los sagitarianos pueden tener excelentes relaciones amorosas con los nativos de Géminis, Libra y Acuario, mientras que los nativos de **Capricornio** afinan con los nacidos bajo Cáncer, Escorpión y Piscis. También augura felicidad la relación Capricornio–Capricornio.

La razón por la cual **Acuario** (el Aguador) es un signo de Aire y no de Agua pertenece a la categoría de los misterios. Armoniza con los signos de Fuego: Aries, Leo y Sagitario.

Finalmente, los nativos de **Piscis,** como signo de Agua, prometen una perdurable relación amorosa con los nacidos bajo signos de Tierra: Tauro, Virgo y Capricornio.

Las doce casas del zodíaco

El amor es un sentimiento recíproco. El verdadero amor nace con una espontaneidad sorprendente, la mayor parte de las veces al reclamo de la primera mirada que cruzan dos personas: de pronto toman conciencia, sin necesidad de buscarle explicación, que han nacido el uno para el otro. Cuando alguien experimenta un genuino sentimiento amoroso, establece un vínculo de comunicación con la persona a la que ese amor está destinado. Ese primer vínculo, que no se ha traducido todavía en palabras, que es un puro impulso del corazón, equivale a la mítica flecha de Cupido. Pero Cupido nunca se equivoca, y de pronto se confirma en el plano físico que se han reunido al fin dos almas gemelas que desde siempre estaban procurando intuitivamente ese encuentro.

Durante la práctica meditativa es posible fortalecer ese vínculo inicial, hasta lograr que el amor fluya armoniosamente entre los dos, sin que nadie ni nada pueda obstaculizarlo. Para realizar estas meditaciones se deben tomar en cuenta los elementos correspondientes a cada uno de los distintos signos zodiacales, tal como lo explicamos anteriormente.

Pongamos un ejemplo: usted quiere que su relación amorosa fluya en perfecta armonía con una persona nacida bajo un signo de Fuego. He aquí los pasos a seguir:

1. Cierre los ojos. Relájese.

2. Visualice lo más nítidamente a la persona elegida.

3. Ahora imagine el nacimiento de una llama. Puede ser una hoguera en un bosque, o la pequeña llama de un encendedor. La que usted prefiera.

4. La llama es su energía amorosa. Acérquela a la persona elegida. Observe cómo la llama destella a su alrededor, iluminando su figura, proporcionándole una cálida sensación de placer. Observe cómo sonríe, agradecida.

5. Mientras la llama sigue viva, iluminando la escena, usted debe desearle lo mejor a esa persona, confesarle cuánto la ama, expresarle su deseo de hacerla feliz.

6. Cuando termine la práctica meditativa, antes de abrir los ojos, repita mentalmente, cuantas veces pueda o lo desee, la palabra amor.

Si la persona elegida es nativa de un signo de Tierra, durante la meditación la debe visualizar acostada bocarriba en la tierra, tal vez entre árboles frutales como pudo haber sido en el Edén. Deberá decirle a la persona que esa tierra que la sostiene equivale al amor que usted le profesa. Formule el juramento de ofrecerle siempre la misma protección y estabilidad que ahora le ofrece la tierra sobre la que permanece.

Si la persona es nativa de un signo de Aire, dígale durante la meditación que ese aire que usted ha visualizado para ella (o para él), que ahora acaricia su rostro de un modo tan agradable es la energía de su amor. Formule la promesa de seguirle ofreciendo siempre la misma sensación de bienestar y felicidad que está experimentando gracias a su meditación.

Si la persona nació bajo un signo de Agua, dígale durante la meditación que ese elemento líquido que usted ha visualizado para que lo disfrute, para que entre en el agua de una alberca o de una playa con gran alegría, simboliza la felicidad que usted le brindará siempre.

Cómo despertar las capacidades latentes

Un prominente hipnólogo ruso, Vladimir Raikov, quien se desempeñó durante años en la Clínica Psiconeurológica de Moscú, no ha utilizado la hipnosis para curar a los enfermos, como la mayoría de sus colegas, sino para que las personas puedan sacar a la luz sus talentos y facultades latentes. ¿Cómo lo logra Raikov? Utilizando la hipnosis para inducir en una persona el caracter o el talento de otra, con el fin de mejorar sus propias capacidades.

Bajo un trance hipnótico le hace creer a la persona que es un escritor famoso, o un cantante o un pintor. "Cuando sale del trance —explica Raikov— puede conservar las habilidades de la persona que le fue sugerida".

Raikov se refirió con entusiasmo a los casos de numerosas personas que nunca estudiaron pintura ni frecuentaron ninguna escuela de arte ni habían tocado un pincel y que después del tratamiento hipnótico se convirtieron en pintores profesionales, con exposiciones que habían alcanzado una crítica favorable en los periódicos y revistas del país. Si Raikov le dice a una persona bajo hipnosis que es Leonardo da Vinci o Albert Einstein sin duda llegará a creérselo a nivel subconsciente y más tarde podría llegar a convertirse en un gran pintor o en un físico eminente.

La explicación que ofrece Raikov es la siguiente: durante la niñez todos poseemos una gran variedad de talentos, pero a medida que crecemos y se desarrolla nuestra mente comenzamos a distribuir las habilidades mentales, fortaleciendo algunas y anulando las demás. La hipnosis permite que se liberen esas facultades innatas, de modo que es posible, como afirma Raikov que exista una clara conexión entre la hipnosis y el genio creativo. Raikov también consideraba posible que una persona bajo hipnosis, como no estaba limitada por las nociones de tiempo y espacio, podía proyectarse hacia el futuro para traernos de regreso el conocimiento que hubiera alcanzado la humanidad cincuenta o cien años más tarde.

Quizás eso era lo que hacía el famoso clarividente norteamericano Andrew Jackson Davis, quien nació en 1826 en Pougheepsie, Nueva York. Los poderes clarividentes de Davis despertaron al ser sometido a una sesión de hipnosis por un hipnotizador de su ciudad natal. Davis realizaba diagnósticos médicos en estado hipnótico, e incluso podía leer y ver cosas con los ojos cerrados. Según escribió Arthur Conan Doyle en su libro *The History of Spiritualism* entre las más conocidas predicciones de Davis figuran las que hizo sobre el motor de combustión interna y sobre la máquina de escribir.

Otro notable clarividente norteamericano ha sido Edgar Cayce, a quien se le llamó "el profeta durmiente". Cayce formulaba sus profecías y sus certeros diagnósticos médicos utilizando la meditación. Se dice que cerraba los ojos como si estuviera dormido, y empezaba a hablar. Cuando despertaba, tal vez media hora después, no podía recordar lo que había dicho pero había profetizado acontecimientos que se cumplían con pasmosa precisión, como cuando predijo que Inglaterra perdería a la India. Mucho antes de que se comenzara a hablar de la medicina psicosomática, Edgar Cayce ya había explicado que las tensiones producirían úlceras gástricas, y que la mayor parte de las enfermedades se originan en la mente a causa de frustraciones, de resentimientos o de la ira. Sus diagnósticos de enfermedades de personas que él nunca había visto eran extraordinariamente precisos. También fueron sorprendentes sus curaciones a distancia, incluso en casos en que habían fracasado los tratamientos convencionales. Algunos de los métodos curativos de Cayce guardan similitud con los que emplean actualmente los hipnoterapeutas. "Si las ideas que se entregan al subconsciente son buenas —dijo Cayce— el cuerpo mejora".

El hombre se realiza cuando alcanza la iluminación espiritual. Ese es el momento en que ha logrado acceder a la cima de la evolución humana. Kundalini, el poderoso centro de energía que habita en nuestro interior, justo en la base de la columna vertebral, ha ascendido a través de todos los sistemas de chakras y niveles de conciencia, y empieza a destellar en el mismo centro de la cabeza, proporcionándole todo su esplendor al chakra de los Mil Pétalos, desde entonces se establece un fluido intercambio de información con la inteligencia cósmica. Ese proceso fue el que convirtió a Siddhartha Gautama en el Buda. Es la misma transformación espiritual que despierta en el ser humano todas sus capacidades latentes, convirtiéndolo en un santo o en un genio.

El alcanzar la iluminación equivale, pues, a trascender todas las limitaciones, pero antes de que una persona acceda al disfrute de ese acontecimiento supremo, mediante la práctica meditativa puede proyectarse hacia el futuro como hicieron Davis y Cayce, o lograr que afloren muchas de sus capacidades ocultas utilizando un método que guarda similitud con el que empleaba Vladimir Raikov durante el trance hipnótico. Para lograr esos objetivos, deben pronunciarse mentalmente las siguientes afirmaciones positivas durante la meditación:

1. Yo soy la sabiduría.

2. Estoy lleno de optimismo.

3. La vida es una fuente de conocimiento para mí.

4. Mis capacidades latentes afloran en este momento.

5. Pondré mi talento al servicio de los demás.

6. Poseo dentro de mí el poder necesario para fortalecer mi voluntad y organizar mis actividades diarias.

7. Tengo la capacidad necesaria para llevar adelante con buen éxito todos mis proyectos.

Cómo materializar dinero

Como todo es energía, el dinero también lo es. Un billete de banco —un dólar norteamericano o una peseta española— no es otra cosa que energía cristalizada, algo que estuvo en nuestra mente y alcanzó su materialización. A esa materialización el Maestro Kuthumi le dio el nombre de precipitación y en cierta forma la definió como el proceso por el cual alguna cosa, algún objeto, pasaba del plano etérico al físico, lo que equivale a decir que nada existe si antes no ha sido imaginado, si alguien no lo concretó con sus pensamientos en nuestro mundo medible y palpable.

Si ganamos dinero publicando una novela es porque los personajes de esa obra literaria poblaron nuestra imaginación, porque antes de su elaboración tipográfica esos personajes gesticularon y hablaron en el recinto de nuestras mentes, exactamente como un óleo estuvo en la imaginación del pintor antes de acceder al lienzo. Ningún dinero acude a nuestra bolsa si nuestra energía —lo mismo la física que la mental— no intervino para propiciar el acontecimiento.

¿Conoce usted las diversas formas de movilizar la energía para obtener dinero? Algunas suelen ser tan inusitadas como ésta:

Después de adoptar la postura de la meditación, piense en una gaveta o en varias de su casa. Visualícelas llenas de dinero. Piense en todo el dinero que necesita o desea, e introdúzcalo en las gavetas. Después de realizada la visualización no vuelva a efectuar otra meditación en torno al dinero y las gavetas, porque corre el riesgo de imaginarlo en forma diferente e interferir el desarrollo del diseño inicial.

Resultado: el dinero llegará a sus manos quizás en una forma que usted no sospechaba y en un lapso de tiempo también tal vez menor del que creía. Un consejo: no derroche el dinero porque el dinero es como el aire: si abre todas las puertas y ventanas de su residencia el dinero saldrá hacia el exterior con la misma facilidad que entró.

Tampoco lo almacene como los avaros, porque el dinero es como el agua: si se estanca pierde su capacidad energética y deja de ser útil para el que lo posee y para los demás.

Una amiga me contó su experiencia con una sonrisa que era el fruto de una convicción inconmovible: durante una práctica meditativa llenó mentalmente las gavetas de su casa con todo el dinero que deseaba y esa misma semana recibió la noticia de una cuantiosa herencia, dejada por un familiar al que apenas recordaba. Hechos como éste parecen conducirnos al terreno del fanatismo y la superchería, pero todos están muy bien documentados, y sin duda confirman que para el poder mental no existen imposibles.

El Maestro Kuthumi dijo que la única diferencia que existe entre un Maestro Ascendido y un individuo no despierto, es decir que no ha alcanzado la iluminación espiritual, reside en la cualidad del pensamiento y sentimiento. "Cada uno tiene el mismo poder creador, el mismo libre albedrío, la misma energía y la misma extraordinaria habilidad para moldear esa energía". Como ciencia y misticismo han comenzado a darse la mano, la física cuántica respalda el mismo punto de vista del Maestro Kuthumi. *El Principio de Incertidumbre* de Heisnberg postula que a nivel subatómico "no podemos observar algo sin afectarlo". El observador y lo observado están interactuando constantemente. O lo que es lo mismo: no existe un observador independiente que observe sin transformar lo observado.

Sai Baba es un avatar, es decir una encarnación divina que vive actualmente en la India. En numerosas ocasiones, frente a cientos de personas que acuden a conocerlo, Sai Baba levanta la mano y materializa en el aire un objeto cualquiera: un anillo, una medalla, etcétera, y lo entrega de regalo a alguno de los presentes. Cierto día un periodista le preguntó: ¿Usted cree que es Dios? Y Sai Baba respondió: "Sí, y usted también lo es. La única diferencia que hay entre nosotros es que usted lo ignora".

Parte VIII:
Siete meditaciones sanadoras

1.

Procure una habitación donde pueda permanecer en absoluto silencio. Ocupe un asiento: una silla, un sofá, un cojín, el que más le agrade. Cierre los ojos. Comience a experimentar un estado de relajación a todo lo largo del cuerpo. Al principio no le será fácil lograrlo. Piense en los músculos de cada una de las partes de su cuerpo y compruebe cómo se relajan. Por ejemplo, cuando piense en los músculos del pecho repita mentalmente: todos los músculos de mi pecho están flojos-sueltos-relajados, flojos-sueltos-relajados, flojos-sueltos-relajados. Así, dígalo mentalmente tres veces en cada zona de su cuerpo. Compruebe cómo lo invade progresivamente una sensación de placidez.

Extienda los brazos sobre sus muslos con las palmas de las manos hacia arriba. Trate de percibir cómo la energía acude hasta sus palmas. Experimente la presencia de la energía como una sensación de calor o un cosquilleo en las palmas de sus manos. Ahora levante poco a poco las manos y aproxímelas, de manera que las palmas estén frente a frente.

Aprecie la energía que circula entre las dos palmas. Quizás usted alcance a visualizar esa energía como una bola de luz entre sus manos. Acaricie esa bola de luz, aprecie su textura. Ahora separe las manos hasta tomar conciencia de que la energía va adquiriendo un volumen mayor a medida que usted separa las manos. También usted puede percatarse de que la energía ha adquirido elasticidad y por consiguiente se ha alargado y crecido entre sus manos.

Comience a jugar con la energía como un niño con un juguete. Moldéela. Dispóngase a crear figuras con esa energía: árboles, palomas, estrellas, etcétera.

Ya está usted en disposición de agregar esas figuras a su cuerpo. Permita que las figuras "salten" de sus manos y entren en su cuerpo a través de la piel. Tal vez entren por un orificio en lo alto de su cabeza.

Llénese de esas figuras. Usted se ha convertido en un recipiente donde se van almacenando esas figuras: árboles transparentes, palomas de aire puro, estrellas de cristal líquido. Figuras y figuras que usted ha moldeado con su energía. Llene todo su cuerpo de esas figuras, desde la cabeza hasta la punta de los pies. Abra los ojos y agradézcale a la energía universal el bienestar que le ha proporcionado.

2.

Respire lenta y profundamente. Imagine que está dentro de la Casa de la Salud. Un gurú lo saluda ceremoniosamente uniendo las palmas de las manos a la altura de la barbilla e inclinando ligeramente la cabeza. Siéntese en un mullido cojín de hierba fresca. Adopte cualquier postura: la del loto o la que le brinde mayor comodidad. Mantenga la espalda recta y empiece a poner toda su atención en el ritmo respiratorio. Inhale. Exhale. Prolongue las pausas entre inhalación y exhalación, sin esfuerzo, sin fatigarse.

Hay una fuente delante de usted, que no había visto con anterioridad, que acaba de surgir como por arte de magia. De esa fuente no brota agua sino chorros de luz azul que ascienden y descienden. Es luz y, sin embargo, los chorros suben y descienden como si fueran agua, tal como ocurre en la fuente de un parque cualquiera. Ahora los chorros se empinan, la fuente crece, sus límites se expanden, se van acercando lentamente a usted, hasta que la luz lo envuelve por completo.

Ya está usted sentado dentro de la fuente de luz azul. Los chorros de luz tiñen su piel. Usted es una persona azul de pies a cabeza. Puede entreabrir los párpados y comprobarlo. Sus manos y sus antebrazos son azules. Mírelos. Sus piernas, todo su cuerpo ha cobrado un fascinante color azul. Siga atento a su ritmo respiratorio y compruebe que la luz azul penetra por las ventanas de su nariz, invadiendo todo el organismo, pintándolo de azul. Repase con la mente todo su cuerpo por dentro, la cabeza, la cavidad torácica, el abdomen, las caderas, los muslos, las piernas y los pies. Todo increíblemente, bellamente azul por dentro.

Sienta la felicidad que proporciona ser azul. Disfrute ese placer único. Ese gozo insospechado. Sólo cuando usted lo considere necesario, la fuente de luz azul retornará al lugar que ocupaba y finalmente se desvanecerá.

Ya puede ponerse de pie, despedirse del gurú poniendo las manos en gassho si lo desea, dar las gracias por los beneficios recibidos y abandonar provisionalmente la Casa de la Salud, con la promesa de regresar a ella cuando lo necesite.

3.

Relájese. Respire lenta y profundamente. Piense en un hermoso pez que usted haya visto alguna vez en una pecera, acaso un pez tornasolado que se desplaza en el agua lentamente. Observe aplicadamente el movimiento de sus branquias y de su cola. Ese pez tiene un nombre: se llama Sanador Número Uno.

Alguien que nunca me engañó me lo dijo: si usted se lo pide, ese pez es capaz de combatir un dolor o una enfermedad que usted esté padeciendo. Observe cómo llega hasta el lugar afectado y comienza a extraer el dolor o la enfermedad, succionando. Confíe en su labor restauradora.

Existen otros peces, que también llevan nombres —el Sanador Número Dos, el Tres, el Cuatro, el Cinco y el Seis— que están dispuestos a trabajar por su salud. Si llega a necesitarlos, observe cómo cada uno de esos peces sanadores extraen de su cuerpo el dolor o la enfermedad.

Antes de abrir los ojos, agradézcale a cualquiera de ellos, o a los seis, el servicio que acaban de prestarle.

4.

Respirando lenta y profundamente, trate de alcanzar un agradable estado de relajación. Cierre los ojos. Imagine que se pone de pie, sale de su casa, atraviesa varias calles de la ciudad y llega a un lugar que está lleno de árboles.

Ya dentro del bosque, detenga sus pasos y durante un rato ponga todo su interés en escuchar el canto de los pájaros y el rumor del viento que mueve las altas ramas de los árboles. Algunos de los árboles son corpulentos y frondosos, otros de tronco delgado y grácil follaje. De repente uno de esos árboles logra ejercer sobre usted una especial atracción. Sepárelo de los demás en la imaginación y obsérvelo detenidamente. Experimente la sensación de que entre ese árbol y usted acaba de establecerse una corriente primero de simpatía y luego de amor.

Usted debe pensar que ama a ese árbol como puede amar a un hijo, a su pareja o a sus padres. En un instante comience a amarlo tanto como se ama a sí mismo porque de pronto también se ha dado cuenta de que usted ha entrado en el árbol, porque de algún modo se ha percatado de que el árbol es usted mismo, porque sus brazos se han transformado en las ramas del árbol y su cuerpo es el tronco del árbol que ha seleccionado.

Imagine que sus pies son las raíces del árbol y que esas raíces se hunden en la tierra, de la cual extraen los alimentos necesarios para que el tronco del árbol se llene de energía y las ramas alcancen todo su verdor.

Imagine con toda vehemencia que usted es ese árbol inmenso y empiece a respirar dentro de él, sintiendo que toda la energía del universo penetra en su cuerpo a través de las ramas y las hojas del árbol que es usted.

Cuando lo considere oportuno, salga del árbol, abandone el bosque y regrese a su casa, transitando las mismas calles, hasta llegar al aposento donde usted permanece sentado. Abra los ojos lentamente y comience a desperezarse como si despertara de un sueño reparador.

5.

Cierre los ojos. Relájese.

Respire lenta y profundamente tantas veces como pueda hacerlo sin cansarse o fatigarse.

Regrese a la respiración normal.

Visualice en la distancia una enorme pompa de jabón de un bellísimo color azul.

La pompa de jabón descansa sobre la línea del horizonte y aunque está a una apreciable distancia usted comienza a caminar hacia ella muy despacio aunque está seguro de que no tardará en tenerla a su lado.

Ahora, que la tiene al alcance de sus manos, piense que debe permanecer por algún tiempo en su interior.

Entre en la pompa de jabón. Imagine que ya está a salvo de cualquier preocupación o enfermedad, que una agradable sensación de paz y bienestar lo invade.

Mientras le presta toda la atención a su ritmo respiratorio, debe pensar que todo su cuerpo (su piel y sus órganos) adquieren la misma transparencia azul de la pompa de jabón.

Piense que cuando concluya la meditación y usted abandone la pompa de jabón, la alegría y el bienestar permanecerán en su interior todo el tiempo que lo esté deseando.

6.

En estado de relajación visualice una esponja. Trate de que crezca en su imaginación hasta el punto de que usted pueda caber dentro de ella.

Piense (porque visualizar es pensar) que esa esponja está impregnada de agua.

Visualice que usted entra en la esponja. Permanezca dentro de ella todo el tiempo que le sea posible, imaginando que el agua recorre todo su organismo. Piense que el agua fluye dentro de usted, lentamente, desde los pies hasta la cabeza.

Imagine una mano enorme (que podría ser la mano de Dios), una mano diez o veinte veces mayor que la suya. Piense que esa mano se acerca a la esponja, la retira de encima de su cuerpo, la aleja de su hogar y la exprime.

Imagine que el agua extraída de la esponja se ha llevado todas las impurezas que había en su cuerpo. Piense ahora que su cuerpo ha quedado interiormente limpio y puro. Piénselo con firmeza.

7.

Ahora usted va a meditar dentro de este libro. Este libro es una larga meditación. Si usted se ha sentado cómodamente y ha respirado lenta y profundamente como siempre se aconseja, le será posible con mucha facilidad entrar en las páginas del libro, repasarlas una a una, y darse cuenta de que en ellas están todos los Maestros: Jesús, Buda, Lao Tze, Bhodhidharma. Todos los que se han mencionado y otros más, muchos más.

En todas las páginas hay Maestros, sentados en la postura del loto, meditando; hay gurús aconsejando la necesidad de meditar, el modo de beneficiarse corporalmente con la práctica de la meditación, los modos de alcanzar la iluminación. Siéntese usted también a meditar en una página. Esa página es suya. Ha estado destinada para usted. Cada vez que lo desee puede regresar a ella, sentarse y ponerse a meditar.

No importa que usted tenga la impresión de haberse convertido en una figura diminuta, sentada en la postura del loto en una página del libro. A medida que su estatura aparentemente sea menor, mayor será su estatura espiritual.

¿No se ha percatado, sin arrogancia, que meditando dentro del libro tiene usted la misma estatura de los Maestros?

¿Se ha dado cuenta que con sólo proponérselo con ahínco puede alcanzar la iluminación?

Bibliografía

Alvarez López, José. *El Hatha Yoga y la ciencia moderna.* Editorial Kier, Buenos Aires, Argentina, 1959.

Blay, Antonio. *Energía personal.* Ediciones Índigo, Barcelona, España, 1990.

Bloomfield, Harold. *Meditación Trascendental.* Ediciones Grijalbo, Barcelona, España, 1975. Título original: *Transcendental Meditation.*

Cleary, Thomas. *Antología Zen.* Editorial EDAF, Madrid, España, 1993. Título original: *Zen Antics.*

Cousins, Norman. *Anatomía de una enfermedad.* Editorial Kairós, Barcelona, España, 1979. Título original: *Anatomy of an Illness.*

Devi, Indra. *Yoga para todos.* Editorial Diana, Buenos Aires, Argentina, 1959. Título original: *Yoga for Americans.*

Hirsig, Huguette. *Astrología médica.* Editorial Printer Latinoamericana, Colombia, 1994. Título original: *L'Astrologie Médicale.*

Jung, Carl. *El secreto de la flor de oro.* Editorial Paidos, Buenos Aires, Argentina, 1955. Título original en alemán: *Das Geheimnis Der Goldenen Blüte.*

Kieffer, Gene. *Kundalini para la Nueva Era.* Editorial EDAF, Madrid, España, 1989. Título original: *Kundalini for the New Age.*

Lévi, Eliphas. *Dogma y ritual de la alta magia.* Editorial Humanitas, Barcelona, España, 1991.

Mehl–Madrona, Lewis. *Medicina Coyote*. Editorial Grijalbo, México, 1998. Título original: *Coyote Medicine*.

Merton, Thomas. *Meditaciones sobre Oriente*. Ediciones Oniro, Barcelona, España, 1997. Título original: *Thoughts on the East*.

Sachs, Robert. *Ayurveda Tibetano*. Ediciones Obelisco, Barcelona, España, 1994. Título original: *Health for Life, Secrets of Tibetan Ayurveda*.

Saddhatissa, H. *Introducción al budismo*. Alianza Editorial, 1971. Título original: *The Buddha's Way*.

Shapiro, Debbie. *Cuerpo–Mente*. Editorial Printer Latinoamericana, Bogotá, Colombia, 1990. Título original: *The Bodymind Workbook*.

Su Santidad el Dalai Lama. *La fuerza del budismo*. Ediciones B, S.A., 1996. Título original: *La force du Bouddhisme*.

Suzuji, Daisetz Teitaro. *Introducción al Budismo Zen*. Ediciones Mensajero, Bilbao, España, 1986. Titulo original: *Die Gross Befreiung*.

Varenne, Jean. *El Yoga y la tradición hindú*. Plaza & Janes Editores, Barcelona, España, 1975. Título original: *Le Yoga*.

Weil, Andrew. *La curación espontánea*. Vantage Español, New York, 1997. Título original: *Spontaneous Healing*.

LLEWELLYN ESPAÑOL

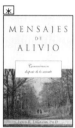    

   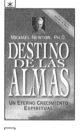 

   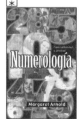 

lecturas para la mente y el espíritu...

Linda & Peter Miller–Russo
LOS ARCÁNGELES
UN PLAN DE CURACIÓN

Considere la posibilidad de sentir alegria y amor en todo momento. Los Arcángeles le ayudarán a lograrlo con técnicas que transformarán su vida diaria en una dinámica aventura.

7½" x 9⅛" • 288 pgs.
1-56718-497-9

Scott Cunningham
SUEÑOS DIVINOS
Al dormir entramos a un estado alterno de conciencia en el cual estamos más facilmente conectados con nuestros dioses y diosas. Haga una petición ritual para un sueño de inspiración divina. Use el sueño sagrado para bienestar espiritual, consejos e información.

5³⁄₁₆" x 8" • 264 pgs.

1-56718-154-6

Gwydion O'Hara

LA MAGIA DE LA AROMATERAPIA

Usted también puede aprender cómo mezclar
los aceites esenciales con propósitos específicos.
Desde aplicaciones terapéuticas para dar masajes, remedios para aliviar el dolor o mejorar la
memoria, hasta aplicaciones mágicas para el
amor y la prosperidad.

6" x 9" • 312 pgs.

1-56718-507-X

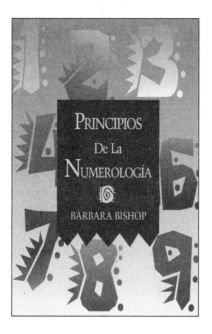

Barbara J. Bishop
PRINCIPIOS DE LA NUMEROLOGÍA
Cada carta y número tiene un poder y vibra-
ciónes particulares. Conozca el significado
escondido en los números y participe activa-
mente en su descubrimiento personal.

7½" x 9⅛" • 240 pgs.

1-56718-071-X

MENSAJES
DE
ALIVIO

*Comunicación
después de la muerte*

LOUIS E. LAGRAND, PH.D.

Louis E. LaGrand, PH.D.

MENSAJES DE ALIVIO

Esta investigación explora las razones de la
comunicación después de la muerte y el beneficio obtenido por parte de aquellos que han
perdido a sus seres queridos.

6" x 9" • 360 pgs.

1-56718-415-4

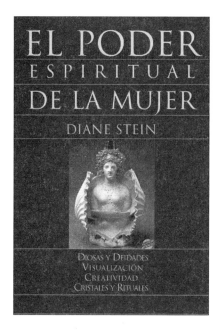

Diane Stein

EL PODER ESPIRITUAL DE LA MUJER

Es un libro de habilidades e ideas, un texto
mágico para la Diosa que cada mujer lleva
dentro. Explore rituales, estructuras de grupo,
trabajos individuales. la Luna y la rueda del
año, curación, cristales, el tarot y el I Ching.

6" x 9" • 264 pgs.

1-56718-675-0

MANTÉNGASE EN CONTACTO...

Visítenos a través de Internet, o en su librería local,
donde encontrará más publicaciones sobre temas relacionados.

www.llewellynwespanol.com

CATÁLOGO GRATIS

Ordene una copia de Llewellyn Español. Allí encontrará información detallada de todos los libros en español en circulación y por publicarse. Se la enviaremos a vuelta de correo.

LLEWELLYN ESPAÑOL

P.O. Box 64383, Dept. 0-7387-0112-2
Saint Paul, MN 55164-0383
1-800-843-6666